岸見 一郎

Ichiro Kishimi

本をどう読むか

幸せになる読書術

ポプラ新書

166

まえがき

中学生の頃から学校に行かなくなり、十年ほど引きこもっていた若者が、私のところにやってきたことがありました。

コートの片方のポケットから本を取り出しました。それはポール・オースター（アメリカの小説家、一九四七-）の小説でした。

「ポール・オースターの本が好きなのです。でも、学校に行かなかったので、漢字を読めません。それで、これでは駄目だということは知っているのですが」

と、もう一方のポケットから今度は国語辞典を出してきて、こういいました。

「画数を数えられないので、漢和辞典ではなく、国語辞典を使っているのです」

読めない字があった時は、読み方を推測して国語辞典を引いているとのことでした。

彼が学校に行っていれば、新聞でも小説でも辞書を引かないで自在に読めるようになっていたでしょう。

しかし、学校に行っていたら、勉強を強いられ、その結果、本を好きにならなかったかもしれません。そうすると、その後の人生においても、本をあまり読まなくなったかもしれません。

ポール・オースターについて熱く語る言葉から彼が本当に本を読むことが好きでたまらないということが伝わってきました。

この若者のように、本が好きだと手放しでいう人は少ないように思います。本をあまり読んだことがない人に「読書は何にも代え難い人生の喜び、楽しみである」と説くことは難しいといつも感じます。冬の寒い日に夏の暑さを想像するくらい難しいことです。

学業を終え働くようになってから、資格を取ったり、昇進するために試験を受けなければならず、そのために本を読むことが必要になることがあります。そうなると、本を読むとしても必要に迫られてのことになり、もともとあまり本を読んでこなかった人にとっては、読書が苦痛になるかもしれません。

そこで、本を読むとしても気晴らしや時間を潰すためだけという人もいるかもしれません。もちろん、そのような読書もあっていいと思いますが、気晴らしをするのであれば、外に出かけたり、家でテレビを見たりすればいいので、ぼんやりとテレビを見るのとは違って、読書は本に書いてあることに意識をしっかりと向けなければならないので次第に本を読まなくなるという人もいるでしょう。

最初にあげた若者は何かの必要があって、本を読んでいたわけではありません。本を読むのが好きでたまらず、本を読まずにはいられなかったので、辞書を引きながら夢中でオースターの小説を読んだに違いありません。

私は読書が気晴らし以上のものであることを、これまであまり本を読むことがなく、読書の楽しみを知らないできた人に伝えたいと思います。本が好きでたまらない人には、いよいよ本を読むことの楽しみを伝えられたらと思います。

読書が楽しいものであるという経験をしてこなかった人は、必要もないのに本を読もうとは思わないかもしれません。

そのような人が試験や仕事のために本を読まなければならない時でも、読書に抵抗感を持たなくなり、読書が楽しいものであることを知れば、試験や仕事のための読書であっても違った気持ちで向き合えるでしょう。

今は必要に迫られて本を読むことがなくなった人であれば、ただ楽しみ（気晴らしではありません）のためにだけ本を読むことができます。そうすれば、学生時代の読書にまつわるよくない思い出は消えるかもしれません。

しかし、誰もが学生時代によくない思い出を持っているわけではありません。むしろ、振り返れば、学生時代の方が今よりも多くの本を夢中で読んだという人も多いのではないかと思います。

本を読むと幸せになれるかどうかはわかりません。しかし、私自身は本を読む喜びや楽しみを知っているので、本を読むことで間違いなく幸せな人生を送ってこられたと思っています。

少なくとも本を読めば退屈するということはありません。目下、日々勉強をしている若い人も試験のために教科書しか読めない生活をしなければならないわけではありません。

本書で私はなぜ本を読むのかということについて最初に書き、次にどのように本を読むのかを私自身の本の読み方、あるいは、これまで読んできた本にも時に言及しながら書いてみようと思います。

これまで私が読んできた本は日本語で書かれたものだけではありません。外国語で書かれた本もたくさん読んできました。外国語で本を読むことは翻訳で読むのとはどう違うのか、外国語を学ぶことの楽しみなどについても考えてみます。

さらに、本を読むだけでなく、内容をまとめたり、感想を書く人も多いでしょう。本書ではアウトプットの仕方についても考えてみます。

本を読むことは広い意味で生きることであり、本を読むことと生きることは切り離すことはできません。本の話をしますが、本の話に終始しないで、生きることについても考えてみようと思います。

私は本を読むことは他の何かの目的のためにされることではなく、ただ楽しいから読むというのでいいと考えています。生きるということも本来楽しいものです。人は何かのために生きるわけではありません。何かのためにでなく生きられることが幸せです。読書もただ楽しく、読んでいる時が幸せなのです。

本はまた人と人とを結びつけます。私の書斎を訪ねてくる人が本棚に並んでいる本に目を留め、その本がきっかけで話が弾むことがあります。書棚に並ぶ本を見るとどんな人かがわかります。そのことを私は知っているので、他の人に自分の書棚を見られたくないという気持ちもありますが、書棚の本のことを話題にする人があれば、本というよりも私自身に関心を持ってもらえたと思え嬉しくなります。

以前、大きな病気で入院していた時も主治医が私が病室に持ち込んだたくさんの本に興味を持ち、本のことや、哲学のことなどについて回診の時に先生と長く話したことがありました。

本に限るわけではありませんが、とりわけ本について語れる人がいて、その人と本をめぐって話ができることが至福であるということは、本を読む喜びを知っている人にはわかってもらえるだろうと思います。

なぜ至福なのかといえば、本が人と人とを結びつけ、本によって自分が人と結びついていると感じられるからです。

私は長年オーストリアの心理学者、精神科医であるアルフレッド・アドラーの著書を翻訳したり、アドラー心理学について本を書いたりしてきましたが、そのアドラーが怒りという感情について、人と人とを引き離す感情だといっています。自分に怒りをぶつけてきた人のことは遠く感じられるからです。

それに対して、喜びは人と人とを結びつける感情であるといっています。スポーツの好きな人であれば、自分が応援しているチームが勝利を収めた時に嬉しく感じるでしょう。その喜びは自分の中でだけ起こるのではなく、喜びによって同じ場に居合わす人はもとより、勝利の喜びを感じているすべての人ともつながっている気がします。

本を読む時に感じる喜びや、誰かと本について語らう時の喜びも同じです。前者は著者と結びつく喜びであり、後者は本を媒介に他の人と結びつく喜びです。

人は一人で生きていくことはできません。それは親からの援助が必要だった子どもの時、また病気や高齢のために他者の援助が必要な時のように、一人では生きていけないという意味ではありません。

大人になった今は一人で生きているかといえば、そうではありません。たとえ一人で暮らしていても、必ず誰かとのつながりの中で生きているはずなのです。

そのことに気づくことが幸せにつながるのですが、他の人と関わることを恐れ他の人とつながれずにいる人がいます。直接何かひどいことをいわれたとかされたというような経験をしたことがなくても、好意的に見える他の人にも、決して気を許してはいけないと思う人がいます。

そのような人にとって、他の人はアドラーの言葉を使うと「敵」です。その意味は、人と人とが対立している、敵対しているということです。嫌われたり、憎まれたり、裏切られたりして傷つくというようなことがあれば、他の人との関係を遠く感じるばかりか、近づくと傷つくことになるかもしれないと思って、人と関わりたくなくなります。

対人関係はこのように悩みの源泉であるかもしれませんが、他方、生きる喜びや幸福もまた対人関係の中でしか得ることはできません。そこで、幸せになろうと思うのであれば、対人関係の中に入っていく勇気が必要です。

本当は誰もが自分を傷つけたり、陥れようとしたりする怖い人ではありませんが、一度対人関係でつまずいた人は、同じことが人が変わっても起こるだろうと思います。

アドラーは敵の対義語として「仲間」という言葉を使っています。これは人と人とが結びついているということです。現実の対人関係では他の人といい関係を築けていなくても、本を読む人であれば、自分と考え方や感じ方が近い人を本の中に見出すことができます。

たとえ、誰のことも自分の仲間だとは思えず、孤立無援に生きていると思っている人でも、少なくとも本を書いた人とはつながりを感じることができるでしょう。

そのように感じられる時、本を読むことが救いになります。後でも書きますが、自分は一人ではないという感覚を本を読む時に感じられたら、その感覚は苦しい人生を送っている人にとっては救いになります。

読書は人を幸せにします。もしも本を読んでいても幸せとは感じられない人がいれば、どんなふうに本を読めばいいかを本書で一緒に考えてみましょう。

本をどう読むか／目次

第2章　本との出会い　59

第3章　本はどう読めばいいのか　123

第1章 なぜ本を読むのか

読書と人生

本を読むことは自分の生き方と離して考えることはできません。人がどのように本を読んでいるかを見れば、その人がどんな生き方をしているかがわかるといってもいいくらいです。

ここで「どんな」本を読んでいるかではなく「どのように」本を読んでいるかを見ればその人の生き方がわかると書いたのは、何を読んでいるかは人の生き方とはあまり関係ないからです。

なぜなら、本当に本を読むのが好きな人であれば、どんな本でも読みますし、乱読するからです。その中には「いい本」もあればそうでない本もあるかもしれませんが、そのようなことがわかるためには、誰かに薦められてではなく、自分で選んで本を読むという経験を重ねていかなければなりません。

本を読んでいるうちに、どんな本が面白いとか、読むに値するとか、あるいは、反対につまらないとか、時間をかけて読むに値しないというようなことが少しずつわかってきます。「どのように」本を読めばこのようなことがわかるようになったかという話を聞けば、その人がどんな生き方をしてきたかがわかります。

もしも自分で本を読んでどんな本を読めばいいかということを知ろうとするのではなく、いつも人から本を薦められてばかりの人がいれば、その人の生き方もまたそのようである、つまり人に依存して生きているということができます。

例えば、本に書いてあることが正しいとは限らないなどというのは当たり前のことだと思いますが、日常生活で自分では少しも考えないで、いつも誰かの考えに従おうとする人は、本を読む時も自分では考えないで、著者の考えを鵜呑みにするでしょう。もちろん、説得力のある本であれば、常は自分で考える人であっても、著者の考え方に同意するということは当然ありえますが、だからこそ、余計に自分で考えるよう努めなければならないのです。

「道聴塗説《どうちょうとせつ》」という言葉があります。人から聞いたことを自分では理解しないで、そのまま他の人に伝えるということです。ある人の考えを聞き、なるほどその通りだと深く納得しても、他の人から違うことを聞けば、今度はそれを鵜呑みにして人に伝えるのです。

本を読む時も、著者の考えをそのまま無批判に受け入れ、その内容について自分では考えないで他の人に伝えるのでは本を読む意味はありません。

大切なことは、読書を通じて、自分のそれまで持っていた考えや生き方を振り返って吟味し、さらには、自分の生き方を見直すということです。

本をどう読むかは生き方そのものを表しますが、本の読み方が変われば、生き方も変わってきます。

本を読む前と後で少しでも自分の生き方が変わらないようでは時間をかけて本を読んでもあまり意味がありませんが、本を読めば変わらないといけないのかということも含めて、読書と生き方について考えてみましょう。

本を読むために生きているのではない

働くことについて本を書いたことがあります。出版までの日があまりなかったので引き受けることを躊躇《ちゅうちょ》したのですが、このテーマについては長く考えていたので引き受けることにしました。

担当の編集者の前で、働くことについて二時間ほど話しました。その話を元に本の章立て案を作ってもらえないかと頼んだら、一週間後、章立て案がメールで送られてきました。

驚いたことに、そのメールには、編集者が会社を辞めることにしたと書いてありました。私はその編集者に、人は働くために生きているのではなく、生きるために働いているという話を熱く語りましたから、私の話が編集者が自分の生き方を考え直すきっかけになったようでした。

もちろん私はその人が会社を辞めることを止めるわけにはいきませんでしたが、これから本を書いて出版するわけですから、担当の編集者がいないわけにはいきません。そこで、すぐに後任の編集者が決まりました。

数ヵ月後、その編集者の力を借りながら原稿を書き上げました。見本刷を持って、編集者がやってきました。

「実は、私も会社を辞めることにしました」

新しい編集者がこのようにいうことを実はまったく予感していなかったわけではないのですが、さすがに二人が立て続けに辞めることになったことに私は驚かないわけにいきませんでした。

その編集者がいうには、本が好きで出版社に入ったのに、仕事で本を読むようになってからは、あれほど本が好きだったのに本を読むことが苦痛になってしまったということでした。

その後、その人は、フリーの編集者として自分が作りたいと思う本の編集だけを手がけるようになりました。

仕事のために（私の場合は研究のために、ということになりますが）本を読むことはいつも面白いというわけではありません。また、本を読むこと自体が目的になってしまっても、それはそれでつまらないことです。

本を読むこと自体が目的ではなく、限られた目的のために本を読むのでもありません。ちょうど人は働くために生きているわけではなく、生きるために働いているように、本を読むことも生きる営みの一つだと見なければなりません。何かの目的、仕事や気晴らしのために読むのでもありません。生きることから切り離された、あるいは限られた目的のためにだけ本を読むことは本来おかしいのです。

本を読むことの目的は、端的にいえば幸せです。本を読んでいる時に幸せを感じられなければ、読書の仕方を見直す必要があるでしょう。

読書は著者との対話

思考が自己との対話であるように、読書は著者との対話です。人は一人で生きているわけではありません。外に出かけないで家にこもって仕事をしていると、一日中、誰とも一言も言葉を交わさないということはあります。

たとえ誰とも話さなくても、本を読めば著者と話すことができます。読書を「対話」にするためには工夫がいります。ここで「対話」と書いたのにはわけがあります。

実際の生活においても、話を聞くだけのことがあるように、本を読んでいる時も、著者から話を聞くように受身的に読むことはあります。しかし、私は本を読む以上、書かれていることに共感、賛成するだけでなく、自分で考え、時には著者に反論するのでなければならないと思うのです。

何も考えずに読んでいるだけでは、対話にはなりません。試験のために、教科書やわずかな参考書を何度も読み返し、そこに書かれていることをしっかり理解し記憶すれば、試験に受かることはできるでしょうが、このような読書も著者との対話とはいえません。教科書を読んでいる時はあまりその内容について疑問を抱くことなく覚えることに全力を注いでるように思います。

しかし、読書を著者との対話にするためには、著者が何をいっているかをただ追っていくのではなく、本を読みながら自分でしっかり考えなければなりません。

著者がいっていることに矛盾があるかもしれませんし、大切なことなのにそのことにわざと言及していないかもしれません。間違ったことをいっていることも当然あります。

私は長くカウンセリングをしてきました。人の話を聞くのがカウンセラーの仕事なのですが、ただ黙って話を聞いていればカウンセリングになるわけではありません。話を聞く時に、話されていることに注意深く耳を傾けることが大切であることはいうまでもありませんが、絶えずなぜ今この人はこの話をしたのだろう、次はどんな話になるだろうかと推測しながら話を聞くのでなければ話を聞くことにはならないのです。

もちろん、思いがけない展開になることもあるのですが、予想していたような話にならないとしたら、相手の話を聞く時に自分の物差しを当てようとしていたからです。

この物差しのことをアドラーは「ライフスタイル」と呼んでいるのですが、こんな時にはこんなふうに感じ、こんな行動をとるだろうと自分の尺度で相手の言葉を理解していることが多いのです。自分や他者をどう見るか、また、何か問題を前にした時にそれをどう解決していくかを、人は人生のわりあい早い時期に自分で決めるとアドラーは考えています。アドラー自身は四、五歳と考えていますが、十歳前後ではないかと私は考えています。それから後は大きくライフスタイルを変えることはありません。自分の感じ方、考え方が唯一絶対だと思っている人は、他の人を理解することは難しいですが、その理解が間違っていることにも気づかないことがあります。他の人が自分とは違う感じ方、考え方をしているなどと思わないのです。

ところが、誰かと話している時に、注意深く話を聞けば、自分だったらそんなふうには考えないということを相手がいうことに驚くような経験をすると、自分にとっては当たり前でも、相手は違う感じ方、考え方をしていることに気づきます。

相手を理解するためには、「もしも自分だったら」と考えるのではなく、「もしも自分がこの人だったら」と可能な限り相手の立場に身を置いて考えることが必要です。アドラーはこれを「同一視」あるいは「共感」といっています。

このような意味での共感は本を読む時にも必要です。著者と自分のライフスタイルが違うことにまず気づかなければ、著者の考え方を正しく理解することはできません。

また、話を聞いていると、大切なことなのに相手が話さないことがあります。大抵は必ずしも意識的でないのですが、話されないことがあると私はジグソーパズルでいつまでもピースが見つからない時のような気持ちになります。

カウンセリングの時には来談者の考えを批判することはありません。しかし、本を読む時であれば著者の考えに同意する必要はないので、「なるほど」などと感心して読んでいては、著者と対話をすることはできません。もちろん本に書かれていることを正しく理解していなければ批判することもできないので、相手を理解する、少なくとも理解することに努めることが先決です。

著者と自分は対等なのですから、著者の書いていることを鵜呑みにしなくてもいいのです。私は長年アドラーやプラトンなどの翻訳をしてきましたが、翻訳をしている時には絶えず著者と対話をしています。「これはおかしいのではないですか」とか「これは無理筋ではないですか」と呟きながら翻訳をするのは、なかなか楽しいものです。

現実の生活の中では先生や上司に反論することは難しいと思う人もいるでしょうが、相手が間違ったことをいえば、それを黙って聞いていてはいけません。それが先生や上司であっても同じです。

反論してもいいのですし、反論するべきなのですが、もしも日常生活でそうすることができないのであれば、本を読むことが反論をするトレーニングになります。幸い、著者は反論しても怒ったりしませんから、安心して反論することができます。

著者に大いに反論する

もちろん、これは本の限界でもあります。著者はいいっ放しで、読者はおかしいと思っても直接反論できないからです。しかし、今は反論しても著者が直ちにいい返したりしないことを日常生活では反論できるようになるためのトレーニングに使えると考えましょう。

現実の生活で、相手がいっていることが間違いであることに気づいても、それを指摘すると相手が怒り出すとか、指摘したことで自分のことをよく思われないのではないかと恐れて何もいわなければ、相手のためにもなりません。

政治家が答弁の際に漢字を読み間違うのは、誰も教えないからです。おそらくは、何度も間違いを繰り返す政治家に対して、まわりにいる人は一度は間違いを指摘したことはあったのでしょう。その指摘を素直に受け止めれば、同じ間違いはしないでしょうし、今後、他の字を間違った時にも、間違うことが予想される時にもまわりの人は指摘するでしょう。

ところが、誤りを指摘したのにそれを率直に認めてくれなかったとか、それどころか、指摘されることを嫌い、指摘した人に当たり散らされたというような経験をすれば、まわりの人は二度と誤りを指摘しようとはしなくなるでしょう。

反論の話に戻るならば、実際の対話と違ってありがたいのは、本を読んでいる時には著者との対話をいつでも中断できるということです。また、必要があれば前のページにさかのぼることもできます。

これはおかしいと思った時、実際の話の中ではもう次の話に移っているので間違いかどうかをたしかめることはできませんが、読書の場合は読むのを中断して確認することができますし、どこが間違っているのかゆっくりと考えることができます。

もちろん、実際の話でも、質問し、それへの答えに反論することはできるはずですが、それができないのであれば、本を読む時に質問、反論するトレーニングを積んでおけば、詭弁《きべん》を弄《ろう》する人にも反論できるようになります。

アドラーはそれほど昔の人ではなく、私たちの感覚でいえば明治生まれのおじいさんですが、まだまだ時代が追いついていないと思えるような新しいことをいう一方、もはや今の時代には通用しないこともいっています。例えば、家事は女性がした方がいいとか、結婚は人類のためになされるというようなことです。時代と社会の限界を感じます。

しかし、ただ現代と比較して古いと切り捨てることはできません。言葉尻を捉えるのではなく、著者がどう考えてこのような結論に達したのかを読んでいかなければなりません。古いと切り捨ててしまうと、大抵の古典といわれるような本は読めないことになります。

先に、相手の立場に身を置くことという意味での共感が本を読む時に必要だと書きましたが、そうした上で、さらに自分だったらどう考えるだろう、どうするだろうと思考した時に、この著者がいっていることがおかしいことに気づきます。

また、誰かの考え方を無批判に受け止めるのではなく、おかしいことがわかるためには、私の場合はプラトン哲学やアドラー心理学を学んできたことが役に立ちました。もちろん、プラトンやアドラーを無批判に受け入れたということではありませんが、自分流に考えるのではなく、「errare malo cum Platone」（「むしろプラトンとともに誤ることを望む」）と古代ローマの哲学者キケロがいっているように、判断や評価する際の規範とでもいうべき考え方を知っていると、本を読んだり、人の話を聞いたりする時にどう考えていいか見当もつかないというようなことはなくなってきます。

相手が話していることがおかしいと思った時とか、間違いをした時とか、話をしている途中で、何か思いつくことがあります。実際の対話の場面では何か思いついても、相手を放っておいて自分の思考の中に入っていくことはできませんが、読書の場合は著者は目の前にいないので、この場合も本から離れて自分の思考の中に入っていくことができます。

そのような時には、本を読み続けていても、著者が述べている大事なポイントに赤線を引くよりは、読んでいる途中に思いついたことを欄外にメモすることの方が多くなりますし、その方が読書をする時に重要なことだと思います。本を読む時に傍線を引くか、メモを取るかというようなことについては後で考えます。

これからどう生きるかを考える

本はこのように著者との対話なので、本を読むことでこれからの人生をどう生きるべきかを考えていくことができます。このような問いに直接答える、あるいは答えようとするのが哲学の本です。

突然、哲学という言葉を使いましたが、この「哲学」というのは、学問の名前としての哲学ではありません。「知を愛する」という本来の意味での哲学です。昆虫や鳥や花に興味を持った人は名前を知りたくて図鑑を調べるでしょう。何かについて知りたいと思って読む本は、知的好奇心を駆り立てられるという意味で哲学の本であるといえます。

小説を読む時にも、ただストーリーを追うだけではなく、登場人物の生き方から少しでも自分の生き方を振り返ることができる本であれば、それも哲学の本といえます。著者も、小説という枠組みの中で、登場人物の口を借りて、人生をどう生きるのかという問いに対しての自分の考えを読者に伝えたり、読者にあなたはこの人生をどう生きるのかと問うているのです。

伊藤整《せい》（詩人、小説家、一九〇五－一九六九）の自伝小説『若い詩人の肖像』は私にこれからどういう生きるのかを深く考えさせる本でした。

「私が自分をもう子供でないと感じ出したのは、小樽市の、港を見下す山の中腹にある高等商業学校へ入ってからであった」

私はこの本をこう語る「私」と同じ年頃に読んだので、はたして自分はもう子どもではないと感じているのか、大人になるとはどういうことなのかという問いを自分にもしなければなりませんでした。この問いを私はやがてこの小説を離れてからも長く考え続けることになり、この本を読んだ半世紀後に、中学生、高校生の前でこのテーマで講演したこともありました。

芹沢光治良《せりざわこうじろう》（小説家、一八九六－一九九三）の『人間の運命』も若い時に熱心に読みました。これも自伝小説です。

芹沢は大学を卒業後、就職した農商務省を辞し、フランスに留学しましたが、フランスで結核になり長く療養生活を送りました。帰国後、この時の体験に基づいた『ブルジョア』という小説を書き、総合雑誌「改造」の懸賞小説に応募したところ、一等に当選しました。

昭和初期の日本で小説家は、社会的に認められていませんでした。勤務先の中央大学の学長は芹沢を呼び出し、「君、日本では文学や小説が、社会に害悪を流していることが、常識だよ。ペンネームであれ、本名であれ、その張本人が、当大学の教授であることは、許されんのだ。この際、君には当大学をとるか、小説をとるか、何《いず》れか、はっきりしてもらいますよ」と近い将来教授になることを約束されていた芹沢に小説を書くことを断念することを求めました。しかし、芹沢はためらうことなく、文学の道を選びました。

この間の事情も『人間の運命』や、芹沢が晩年に書いた『神の微笑《ほほえみ》』には詳細に書かれていて、若い時の私は、世間的な成功ではなく、文学の道を選んだこの小説の主人公である森次郎と、哲学を学び始めた自分を重ね合わせて、これからどんな人生を送ることになるだろうかと思いを馳せました。

哲学の本は、直接的にどう生きるのかとか、幸せとは何かというような問いに答えようとするところが小説などとは違います。しかし、実際には、この問いに答えようとはしない、人生を真剣に生きようとする人には響かないものもありますが、本来は広い意味での哲学の本は、この問いに答えようとするものでなければならないと私は考えています。

もしも哲学の本が読者に響かないとすれば、哲学者がこのような問いに答えないで、議論のための議論に終始しているからです。どう生きるのかとか、幸せとは何かを論じる本であっても、そのような問題について簡単に答えが出てくるはずはないので、読者の方も、すぐに答えを見つけようと思わず、粘り強く考えなければなりません。

何が何でも本を読まないといけないというものではない

哲学の本に限らず、本を読むことについて否定的なことをいう人はいます。本など読まないで体験から学べとか、書を捨てて町へ出よというようなことです。デカルトは『方法序説』の中で、「先生たちの監督から離れることができる年齢になるとすぐに、私は書物による学問をすっかり止めた」といっていますが、これは読書をすべてやめてしまったという意味ではなく、読書だけが真理を発見するための唯一の、またもっとも有効な方法であると考えることをやめたという意味でしょう。デカルトのこの言葉を文字通りとることはできません。デカルトが本をまったく読まなくなったとは考えられないからです。

他方、何が何でも本を読まないといけないというものでもありません。浄土宗の開祖である法然上人は万巻の仏典を読み、「南無阿弥陀仏」という文字に教えを集約しました。この称名によって救われるのであれば、本を読まなくてもいいわけです。

本を読まなくても、どう生きるかという問題について自力で考えることはもちろんできます。しかし、何もないところで考えることは難しいというのも本当です。本を読むのは、ちょうどグライダーが他の飛行機や車に引っ張られ、飛び立った後にロープを切り離して滑空するように、考える最初のきっかけとして必要なことはあります。しかし、いつまでもロープを切り離さないようでは駄目なのです。

その意味で、著者と対話をすることで、その著者から自分一人では思いもつかなかったかもしれないことを教えられるのは読書の醍醐味の一つです。

学生の頃は、哲学者がどんな説を唱えたかを知り、それを覚えるために本を読んだことがありました。大学院の入学試験科目に、ギリシア語と英語（どんな言葉を選ぶかは専攻によって違います）と哲学史がありました。

私は西洋古代哲学を専攻しようと思っていたので、古代哲学については知識がありましたが、中世や近世の哲学についてはあまり知識がありませんでした。

試験が近づくと、分厚い平凡社の『哲学事典』を赤鉛筆を片手に読みました。そこに書いてあることを丸暗記しようとしたのです。しかし、そのようなことは哲学とは何の関係もありません。プラトンのイデア論とは何かというようなことを問われて、淀みなくスラスラと答えられる人は頭がいいと思われるかもしれません。そのようなことは「知者」になるためには必要なことかもしれませんが、「愛知者」が目指すことではないのです。

辞書に書いてあることを覚えるという仕方であっても、知らなかったことを知ると、ジグソーパズルが少しずつ完成していく時のような喜びを感じなかったわけではありません。しかし、辞書を読むことも読書というのであれば、覚えるためにだけ本を読むことは喜び、楽しみとは程遠いものでした。

辞書を読むことに意味がないといっているのではなく、知識を身につけるためでなく、他の本を読む時のように、辞書を読むことを楽しむことはできます。何かについて知りたいと思った時に辞書を引くと必要最低限の知識を得ることができます。後に電子書籍のことについて書きますが、その説明の中に出てくる言葉をクリックすると、その言葉の意味を説明するページにすぐに飛んでいけます。また同じページでもできます。紙の辞書でももちろんできます。

次々に検索することのどこが面白いかといえば、普通の本であれば書かれたように最初から読んでいくのに対して、辞書であれば自分でどこを読むかを決められるということです。

試験のためにだけ本を読むのでなければ、本来読書は楽しいものです。試験の前の日に小説を読み始めて止まらなくなった経験がある人は多いのではないでしょうか。

ある日、私の指導教官だった藤澤令夫《のりお》がプラトンのイデア論について講義をするのを聞いた時、不思議な経験をしました。講義を受けて帰ろうとした時、目の前にあるはずの階段が見えなくなりました。一瞬のことでしたが、その日講義で「もの」はないという話を聞いた私は講義が終わって帰り道でもそのことの意味をずっと考えていたのです。本を読んでいろいろな哲学者の考えを要領よく覚えることではこのような経験をするはずはありません。

後に、アドラー心理学を学んだ時に、およそアドラーの考えとは相容れない他の心理学者の考えを同時に何のためらいもなく受け入れる人がいて驚いたものです。ある考えを理解するということは、もちろん、その考えに賛成するということではありません。賛成できなくても理解することは必要です。しかし、ここで問題にしている広い意味での哲学の本は、自分の生き方を吟味することを迫り、それまでの生き方を変える力があります。

その意味で、私にとって哲学や心理学を学ぶことで生きる姿勢を問い、生き方を吟味していたので、学ぶのにずいぶんと時間がかかりました。

哲学の研究者になるためには、本や論文をたくさん読み、それを要領よくまとめられることが必要ですが、私にはそういうことには向いていないと思うようになるまでにそれほど多くの時間はかかりませんでした。私はどんな人生を生きるのかを考えるために哲学を学ぼうとしたからです。このことについても、また後で書くことになります。

他者の人生を追体験する

本を読めば他の人の人生を追体験することができます。自分の人生で経験できることには限界がありますが、本を読めば自分が知らない様々な生き方があることがわかります。他の人の経験したことを知ることが自分自身の生き方を見直すきっかけになって、自分の人生経験を広げることになります。

また、本を読んで自分とは違う考え方を知ることによって、寛容になることもできます。そのためには、自分の好みの本ばかり読んでいてはいけないともいえます。先に別の文脈で見たように、理解することと賛成することとは別のことなので、たとえ自分の考えとは相容れない考え方であっても、その考えを理解しようと努めれば異論に対して寛大、寛容になることができます。

このように本を読むことで他の人の人生を追体験することができますが、ただ追体験するためだけに読むのではなく、そうすることに何か他の目的があることがあります。

アドラーは、「人は不幸なラブストーリーを好む」といっています（『人生の意味の心理学』）。恋愛や結婚を恐れる人は、そのような本の登場人物が辛い目に遭い、傷つくのを読んで、代理体験をします。

その代理体験の目的は、自分が幸せになれる恋しかしないという決心をすることです。ただし、このような読書は幸せになるためというよりは、恋も結婚も諦めるためです。恋も結婚もしない方が自分にとって幸せであると確信するために読むともいえます。幸せなラブストーリーを読んで恋愛に憧れてそこに飛び込んで傷つくよりは、最初から恋をしない方がいいと考える人は、不幸なラブストーリーを選ぶでしょう。

読書も含めて人間の行動の目的というのは、誰かから指摘されないと自分ではわからないことがあります。不幸なラブストーリーを好む人は、そのような本を読むことで自分の生き方はこれでいいのだと肯定しようとしているといわれても、そんなつもりはないと否定するかもしれません。

不幸な人の話を読んで、その不幸な人と比べて自分は幸福だと感じたい人もいます。たしかに、不幸な人の話を読むと、その人の人生と自分の人生を比べることになり、自分が思っていたほどには不幸でないことに気づくこともあるでしょう。

しかし、人と比べて自分は幸福であることに気づくというのは優越感です。幸福というのは三木清（哲学者、一八九七－一九四五）の言葉を使うならば、「各人においてオリジナルなもの」なので、本来、人と比べようがありません（『人生論ノート』）。

人と比べているのであれば、あるいは、人と比べられるのは、幸福ではなく成功なのです。成功は、これも三木がいっているのですが、量的なものなので比較することは容易です。成功は人から妬まれ、追随されます。幸福は一般的ではないので、他の人から見れば、どうしてあの人は幸せを感じているのかわからないことがあります。

他の人の経験したことを読む時に、このように比較するために読むのではない時がありま す。辛い経験をした人は、こんなことは自分だけが経験したことだと思うことがありますが、本を読んで、同じことを他の人も経験していることを知れば、そのことが救いになるのです。

本を読むことが自分の人生を考えることのきっかけになることもあります。

ソクラテスが「吟味されない人生は人間にとって生きるに値しない」（プラトン『ソクラテスの弁明』）といっています。この場合は本を読むことが救いになるというよりは、自分を吟味することになるので、このような読書が楽しいといえるのかはわかりませんが、自分を吟味し、自分が当たり前だと思ってきた価値観が決して自明ではないことを知ることは重要なことです。読んで心地のいい本ばかり読んでいては自分を吟味することはできません。

何か抱えている問題がある時、誰かに相談しようと思う人は無意識であるかもしれませんが、自分が求める答えをいってくれる人のところに相談に行くものです。本を読む時も同じようなことになります。自分の生き方を肯定するような本を選んでしまうということです。

ですから、時にはあえて自分の生き方を肯定しそうもない、およそ共感したり賛成できないような人が書いた本を読むと多くのことを学べます。

後で書きますが、高校生の時、マルクスの『経済学批判』の序文を倫理社会の先生と一緒に読んだことがあります。当時の私は史的唯物論を受け入れようとはしていなかったので、思想に偏りがあってはいけないと考えて先生が選んだこの本は私には有用な本になりました。

高校生の頃、三島由紀夫の本をたくさん読みました。『仮面の告白』や『金閣寺』などは他の作家の小説と同じように抵抗なく読めましたが、『憂国』『豊饒の海』『禁色』などの作品は抵抗がありました。三島の小説はどれも刺激的で当時の私は到底受け入れることはできませんでしたが、私の知らない人生を垣間見る思いで次々に読みました。

また、あまり、安直な答えを出すような人の本も避ける方がいいかもしれません。自分の生き方を吟味するためには、こんな人生を生きなさいとは安直に教えてくれる本を読んではいけないのです。

目的のない読書

本を読むことを通じて、結果的にそこから何かを学ぶことはありますが、何かを学ぶことを本を読むことの目的にすることは、本を読む楽しみを損なうかもしれません。

散歩に出かけるのは、ただ外に出かけたいだけであるように、何かのために本を読むわけではなく、ただ読みたいだけのこともあります。本を読むことの目的があまりにもはっきりしていれば、本を読むことは面白くなくなります。それはちょうどダイエットのために一心不乱に歩いている人のようで、そのような人は歩いている時に目に映る光景にはまったく注意を払っていません。

人間は生きる目標を立てますが、必要があればそれをいつでも変えることができます。今までの人生でどれだけ多くのエネルギー、時間、お金を費やしたとしても、違う人生を歩むことはできます。本を読む時も最初はある特定の目的のために読んだとしても、別の機会に違う目的のために、もしくはまったく目的を持たないで読むと違った発見ができるかもしれません。

私の場合は書評のために本を読むことが時々ありますが、本についての考えをまとめなければならないと思うと、本を読む楽しみは半減してしまいます。

本を読む目的を変えるように、人生についても途中でそれまでとは違ったことを目指して生きることはできます。人は誰かの期待を満たすために生きているわけではないので、新しく人生を生き直そうとすることをたとえ誰かが非難してもそのような非難には耳を傾けなくてもいいのです。自分でこれでいいという確信を持てない人は、人から反対されたことを自分の人生を生きないためのいい訳にすることはありますが、自分の人生を生きなければ一体誰の人生を生きようというのでしょう。

生物も機械も目的的です。だから、他の生物も機械も一度目標を決めるとそこから離れることが難しいことがあります。しかし、目標を決めた後に何か問題が起こった時に目標を変えなければ、集団で絶壁から海に落ちて行くという伝説がある、日本では旅鼠とも呼ばれるレミングのようなことになってしまいます。

目的を固定する必要はありません。先にも書きましたが、ダイエットのために散歩をする人は途中で興味を惹くものが目に止まっても立ち止まらないかもしれません。散歩はダイエットのためにするものなので、立ち止まってはいけないのです。ダイエットのためにだけ散歩をするのであれば、散歩の楽しみをふいにしてしまうことになります。

私は二〇〇六年に心筋梗塞で倒れて以来、努めて外を歩くようにしました。リハビリのために必要だったからです。それまでは自宅で原稿を書いていることが多く、何日も家から一歩も外に出ないというような生活をしていました。

しかし、退院後はリハビリのために歩かなければなりませんでした。散歩を習慣化することは私には容易なことではありませんでした。リハビリのために必要だとはわかっていてもなかなか歩こうという気にならないので、カメラを持って散歩することを思いつきました。

本で写真撮影の仕方やカメラについて学んでカメラを持って歩くようになると、蝶や花や鳥に目を奪われカメラを向けるようになりました。

そうすると、カメラのおかげで外にいる時間はたしかに増えましたが、運動量はそれほど増えません。リハビリのために散歩をしているので本当はゆっくり歩いてはいけないのですが、それでも、リハビリのために一心不乱に歩くよりははるかに楽しい散歩になりました。

読書も何かの目的のためだけになってしまえばつまらないものになってしまいます。もちろん、試験のために教科書を熟読することが必要な時もありますが、読書はただ知識を得るためだけのものではありません。

論文を書いたり、試験のためにだけ本を読むのでなければ、ゆっくり読んでもいいのですし、途中で本を放り出して本を読みながら思いついたことを書き留めるということがあってもいいでしょう。

通勤や出張のために移動するのであれば、目的地にまで必ず行かなければなりませんが、旅であれば目的地に着かなくてもいいのです。途中で休むこともできますし、途中でそれ以上、旅を続けないという決心をすることもできます。

本も同じです。面白くないと思ったら途中で読むのをやめることはできます。それでも、真っ当な本であれば、読者に何ものかを残すはずです。

面白くないからではないのですが、読み通せていない本があります。『旧約聖書』がそれです。別の本に引用してあるとそこを読むということはしてきましたが、注釈がないとただ読んでもわからない聖書を最初から最後まで通読したことはありません。このような読み方がいいのかはわかりませんが、『創世記』『出エジプト記』などは読み物としても面白いですし、著書の中でも度々引用してきました。

現実を超える

無意味なことはしないという人がいます。何かをするのであれば必ずそうすることの効用を考えないわけにはいかない人です。そのような人は、役に立つということが読書の目的なので、何かのために役に立たなければ、本を読もうとはせず、本に関心を持たないかもしれません。

そのような効用から離れて、本を読めば、自分とは違う別の誰かの人生を追体験し、自分の人生を振り返ることができますし、本を読むことで、現実の生活から少しでも離れることができます。

通勤電車の中で本を読むのは、もしも本を読んでいなかったら、人に押されて身体のみか心も疲弊してしまう現実から少しでも意識を逸らしたいからです。

通勤電車の中では通常では考えられないくらいの距離に人が接近しますから、すぐ隣にいる人にあなたとはこんなに近くにいるけれども個人的には何の関心もないということを示さなければなりません。

そのために、窓の外の景色を見ることもありますが、本を一心に読むことで、身体は電車の中にいても、まわりの人に関心がないことを示すことができます。もっとも、最近は車内で本を読んでいる人を見ることは少なくなったように思います。好きな本を読めば、このようにまわりの人のことが意識にのぼらなくなり、長い時間の通勤や通学は苦痛にならなくなります。

仕事をやめ身体の自由がきかなくなっても、本を読めさえすれば老年は怖いものではない――これが私の高校の倫理社会の先生の持論でした。本を読むことで、老いという現実を超えることができるというわけです。

もちろん、高校生だった私は就職もしていなかったので、退職後のことなど少しも想像できませんでしたが、先生が本が好きであることは伝わってきました。

後に、心筋梗塞で長く入院生活を送ることを余儀なくされましたが、その時に、読書がたしかに身体の自由がきかないという現実を超える力になることを知りました。

ＩＣＵ（集中治療室）では絶対安静を命じられ、本を読むことはもとより音楽を聴くことも許されませんでした。身体の向きですら看護師さんの介助がなければ勝手に自分で変えてはいけませんでした。時計のない方を向いてしまうと、一体今が何時なのかもわかりませんでした。時間は歩みを止めました。

そんな状態で何もしないでじっとしていたら、気が変になりそうでした。そこで、私は短歌を作ってみることを思いつきました。短歌を頭の中で組み立てていると、何もしなければ四散してしまいそうな魂を身体につなぎ止められると思いました。

せっかく詠んだ歌を書き留めるにも昼間一人でいる時は記録できませんでしたが、短い短歌（という表現はおかしいですが）なら家族が見舞いにやってくるまで覚えていることもできました。忘れてしまったものもありますが。

私が短歌を詠んだのは絶対安静という状況にある自分を客観的に見つめ直し、現実を超えるためでした。病気で倒れた時、短歌という形で自分の思いを表現する術を知っていてよかったと思いました。

小学生の時、親が日本文学全集を買ってくれました。その全集の中にあった石川啄木がなぜか気に入りました。短歌というものを初めて目にしたのはその時でした。口語ではなかったので、理解するためには古語辞典で知らない言葉を調べる必要があると思いました。それで、母と一緒に街の書店に古語辞典を買いに行きました。

国語辞典すら真っ当に引けたのかわからなかった時に、小学生用の古語辞典（そんなものがあるのか知らないのですが）でない、旺文社の分厚い古語辞典を買いました。はたして、石川啄木の短歌を読むために必要だったのが古語辞典だったのかもわからないのですが、短歌に出てくる今は使われていない言葉を知るために辞書が必要だと思ったのでしょう。

短歌については、その後も縁がありました。倫理社会の授業中に、しばしばプリントが配られました。聖書からの抜粋をプリントで読んだこともあれば、万葉集、斎藤茂吉、吉井勇、會津八一の歌を読んだこともありました。

後に歌人の短歌を読むばかりでなく、自分でも短歌を作るようになりました。高校生の時に授業で短歌を読んだことも知らない間に短歌への関心を呼び覚ましたことに思い当たりました。

私は口語短歌があまり好きではありません。字余りも字足らずもなく、三十一文字という枠の中で、きちんと自分の思いを収めるのが短歌を読むことの面白いところだと考えているからです。病気の時は時間だけはたくさんあるので、ゆっくりと言葉を記憶の中から見つけ出すことに病気という現実を忘れて熱中しました。

本を読めない苦痛

やがて、病床で本を読むことを許されてからは、貪るように本を読み始めました。

実は、本を読めるようになるまでに一悶着がありました。雑誌を読んだり、テレビを見たりすることはわりあい早い時期に許可されるのに、本を読むことはいつまでも許可されなかったのです。

それはおかしいと思い、看護師さんに本を読む許可を出してほしいといいました。こんなことをいったのです。もしも本を読まなければ余計なことを考えてしまい、そのことがストレスになる、本を読んでいれば、本に書かれていることに意識を集中でき自分では余計なことを考えないですむので、精神的にもいい、だから一日も早く読書の許可を出してほしい、と。

そのように看護師さんに訴えたら、その話を伝え聞いた主治医はたちまち本を読んでもいいといってくれました。その医師が本が好きな人だったから、こんな屁理屈をこねたりしなくても、許可を出してもらえたのだと思います。

本を読むことは著者の考えをただ追っていくというような決して受動的な行為ではありませんから、本を読むことがストレスになることはありえます。この時私がいったことはかなりの詭弁だったと思います。

ともあれ、入院中身体を思うように動かせなかった時ほど本を読みたいと思ったことはありませんでした。もともと活字中毒といっていいくらいなので、少しの間でも何もしないでぼんやり過ごすことができないのです。満員電車の中では吊り広告であっても何度も読み返すような状態でした。絶対安静を強いられた時には身体の苦痛よりも、本を読めないことの苦痛の方がはるかに大きかったです。

幸い、一命を取り留め、しばらく入院することが決まったので、自宅からたくさんの本を病室に持ってきてもらいました。当時は電子書籍というものはなかったか、あったとしてもあまり普及していなかったので、加賀乙彦の『雲の都』、ポール・オースターの〝The Invention of Solitude〟(『孤独の発明』)などをベッドの横に積むことになりました。

私の本に興味を持った主治医とは、回診のたびに本のことなどについて長く話をするようになりました。ある日、回診にやってきた医師が最初に手に取ったのは、エマニュエル・レヴィナスの『全体性と無限』でした。「おや、ちょっと拝見」。そういって、ベッドの横にあるソファに腰掛けて本を読み始めました。

医師が私に声をかけたのは、病室に持ち込んだ本が目に留まったからですが、電子書籍であれば紙の本とは違って何千冊保存してあっても端末を覗き込む人はいないでしょうから、医師と本の話をすることはなかったかもしれません。

結局、この時は一ヵ月ほど入院したのですが、入院中は本当に読みたい本だけを読むことができました。今でも仕事のために時には読みたくない本を読まなければならないことがありますが、この時のように、本当に読みたい本だけを読んで日々を過ごせたらどんなに幸せだろうと思います。

病気という非日常的体験の中だけではなく日常生活の中にあっても、本を読むことは幸せに生きるためになくてはならない営みだと考えています。幸せになるかどうかはともかく「退屈」とは無縁の人生を送ることができるでしょう。

本さえあれば、病気をして外に出られなくなった時でも、電車が不意に動かなくなっても、焦ったり、イライラすることなく、本を読んで過ごすことができます。

今は仕事のために必要に迫られて読む本は少なくなったので、できるものならこれからは自分が本当に読みたい本だけを読んでみようと思っています。

読書歴Ⅰ

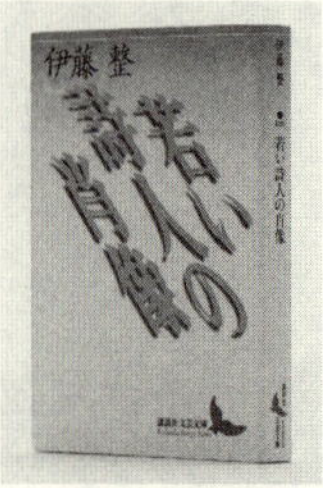

『若い詩人の肖像』（講談社文芸文庫）
伊藤 整

詩人、作家との交友を描く本書は、私の文学への憧憬に火をつけたように思います。

『人間の運命』（新潮社）※全七冊セット
芹沢光治良

母が私の影響で熱心に読んでいました。母の死後、形見として本を譲ってほしいといわれ長編中の何冊かを進呈して以来、長く読み返せませんでしたが、最近、ようやく全部を買い揃えました。

『哲学事典』（平凡社）

大学院の入試のために赤鉛筆で線を引きながら読みました。信頼できる情報なので試験が終わってからもしばしば参照しました。本来は、試験のために読むものではありません。

マルクスの『経済学批判』の序文

序文を先生と読んだだけですが、土曜日の放課後個人授業を受けたという稀有な体験は夢の中での出来事だったような気もします。

※実際に使っていたプリント。タイトルは、
「青年ヘーゲル学派（マルクスの史的唯物論）」

「創世記」「出エジプト記」
（『世界の名著12 聖書』中央公論社）
中沢洽樹 訳

ギリシア哲学を学ぶ以前はユダヤ教の研究をしようと思っていたので旧約聖書(ユダヤ教では聖書と呼びます)でヘブライ語を勉強しました。神の声を直接聞いているように感じました。

『全体性と無限』（国文社）
エマニュエル・レヴィナス 著
合田正人 訳

心筋梗塞で入院していた時に読んだ本の一冊。退院後、レヴィナスのこの本を取り上げて一生懸命原稿を書きましたが、結局、出版できず残念に思っています。

第2章 本との出会い

同じ本は二度読めない

同じ本を二度と読まない人はいるでしょうが、歳をとると前に買ったことを忘れて同じ本を買ってしまうこともありますし、読み進むうちに既視感があって、おかしいと思っていたら、前に一度読んだことのある本であることに気づくことがあります。そんな時でも落胆する必要はありません。本を再読する時には、前に読んでいた時と違って同じ本でも違った読み方ができます。忘れたわけでなく、あえて同じ本を何度も読む人もいます。

同じ本でもいつも読むたびに新しい発見があります。ギリシアの哲学者であるヘラクレイトスが「同じ川には二度入れない」といっています。

前に読んだ本でも初めて読むような気がするのは、何が書いてあったかを忘れてしまったからではありません。川に足をつける時、それが二度目であっても、川の流れは前と同じであるはずはありませんし、自分も前に足をつけた時とは違っているはずなので、「同じ川には二度入れない」のです。

本の場合は、たしかに書いてあることは同じなのですが、それでも自分は前に読んだ時とは違っているので、同じ本でも同じように読むことはできません。

その上、前と今とでは同じように読んでいるわけでもないのです。前に読んだ時には読み落としていたり、あるいは、あまり強い印象を残さなかった箇所があることに気がつきます。印刷されている文字は同じでも、前と同じ本を読んでいるのではないといっていいくらいです。

以前より必ず成長しなければならないわけではありませんが、今の自分が前に読んだ時とは違うと感じられるというのも読書の楽しみの一つだと思います。

歳がいくと、この先あまりたくさんの本が読めないことがわかっているので、若い時に読んだ本、とりわけ感動した本を読めば間違いがないと思う人もいるでしょう。しかし、若い時に心を動かされた本でも今読み直したら、少しも心に響かないということは大いにありうる話です。このように考えれば、前に読んだとか読んでいないということにこだわる必要はありません。

前に読んだことを覚えていても（大抵の本は内容はともかく前に読んだことを覚えているものです）、初めて読むつもりで読めば面白く読めます。

福永武彦に『死の島』という小説がありますが、これは二人の愛する女性が心中したとの報せを受けた主人公が広島に駆けつけるという物語を軸に話が進みます。再読した時、主人公と心中して死んだのは一人だけだったのは覚えていましたが、どちらの女性だったか覚えていませんでした。そして、なぜ覚えてなかったかということも再読してわかりました。

初めて読むつもりで本を読めば面白く読めるように、たとえ毎日会っている人でも、今日初めて会うと思えば、よい関係を築くことができます。よい関係を築くためには、過去のことを忘れないといけないことはあります。

人生を再体験する

本を読むと他の人生を追体験できると先に書きましたが、同じ本を二度読むことは人生を再体験するということです。もちろん、これは実際の人生ではできないことです。

結末がわかっていれば、安心して本を読めるという人がいます。自分が付き合っている人と結婚できるか不安になって占ってもらったところ結婚できないといわれたという人がいました。今後どれだけ関係をよくする努力をしてみても、結婚できないのなら努力しても意味はないというのです。

ケン・グリムウッドの小説『リプレイ』の主人公、ジェフは四十三歳で死にます。しかし、気がつくと学生寮にいて、十八歳の春に戻ってしまうのです。しかし、記憶と知識はなくなっていません。再び人生がその時点から始まるのですが、二度目の人生では何が起こるか全部知っているので、賭け事や株などでは大成功します。そしてまた四十三歳になると死に、十八歳に戻ります。

ところが、二回目以降の人生は同じにはならないのです。少しだけ前の人生とは違うことをする決心をし、そのことが人生を変えるのです。

実際に生きる時、これから先何が起こるか知りません。人生で何が起こるかは決まっていないので、結末も知りようがないのです。未来はまだきていないというより、ただ「ない」のです。

これから何が起こるか知らないだけで実は決まっていて、それに抗おうとしても無駄であると考える人がいます。しかし、先のことが決まっていないからといって、この人生を思う通りに生きられるわけではありません。

本を二度、三度と読み直す時は、このジェフのような経験をするともいえます。再読の時は結末を知っているからです。

本を初めて読む時は人生と同じようにこの先何が起こるかわからないので、話の展開に心躍らせたり、不安な気持ちにさせられることがあります。

推理小説を読む時、初めから結末がわかっており、犯人を知ってしまうことは読書の楽しみを奪うことになると思いますが、最初から犯人が誰かを明かす推理小説もあります。そのために読む楽しみがなくなるわけではありません。

本を読み返す時にはどんな本も何が書いてあるか、小説であればストーリーはわかっています。推理小説であれば、犯人が誰かわかっています。

しかし、どういうことが本に書かれているかを知っていることが本を読む楽しみや喜びを奪うかといえばそうではありませんし、再読する時に本の価値が下がるわけではありません。

再読する時は（読んだことも覚えていないのなら話は別ですが）ストーリーも話の展開も知っているので、それでも読むのは、初読の時とは違うことを期待して本を読むのです。

テバイの王、オイディプスが父親を殺し母親と結婚するということを多くの人は本を読む前に知っています。だからといって、ソポクレスの悲劇を読む楽しみが失われるわけではありません。むしろ、オイディプスが自分の運命を知らないのに読者は知っているので、オイディプスの身に起こることを平静な気持ちで読むことはできません。それがこの悲劇の面白いところといえます。

私はこれからどんな人生を送るかを神が知るような形では何も決まっていないと考えていますし、何も決まっていないからこそ、この人生は面白いと考えています。しかし、すべてを見通している神の視点からオイディプスを見ると、自分もこの王と同じように、実はすべては決まっているのに決まっていないと思い込んでいるのではないかと自分に重ね合わせ、ドキドキするぐらいです。

プラトンの『ソクラテスの弁明』も同じです。ソクラテスが告発されて死刑になったことはよく知られていますが、死刑になったという事実を知っているだけで、どんな事情で、なぜソクラテスが死刑になったのかは読まないとわかりません。

最初読む時と二回目以降では読んでいる時の感覚が違います。どちらがいいかというようなことは判断できません。どちらの場合も面白く読めます。二回目以降は全体の流れを知っているので、ストーリーにばかり注目しないで、細部に目を向けて読むことができます。

先に『旧約聖書』について書きましたが、『新約聖書』は何度か読むと細部に目を向けられる本の例としてあげることができます。とりわけ、マルコ、マタイ、ルカによる福音書はイエスの言行を記したものですが、大筋ではどれも同じですが、仔細に読むと作者によって細部が違っています。かなり違うところもあります。

ストーリーを知っている本を読む時には、実際の人生はこんなふうには決まっていないとかえって現実を冷静に見ることができるので、人生は決まっていないことを確認するために本を読む人がいるかもしれません。

偶然手にする本1

自分では読まない本を人から薦められるということはよくあります。最近は新刊本が著者から送られてくることがあります。大きな仕事に取り組んでいる時にはなかなか読めないのですが、ふと手にして読んでみたら面白かったということはあります。

これから出る本ですから突然送られてくる本についてあらかじめこれは面白いに違いないという期待をしていなかったのがよかったのでしょう。どれも長い時間をかけて書かれた力作ばかりなのですが、自分では書店などで手に取らなかったであろう本であることが多いので、向こうからやってくる本は自分で選ぶ本とは違うということです。

送られてきた本は自分で選んだわけではないので、読めないこともありますが、読むつもりで自分で買った本でも読まないこともあるので、どんな形にせよ手に取る本というのは、自分で選んでいるのに間違いありません。

自分の興味、関心に合致する本だけでなく、時に自分では読まない本を読んだ時に、その本から学ぶことが多いということはあります。この著者の本ならこんなことが書いてあると予想できるような本ばかり読んでいると、新しく何かを学ぶことはできません。

誰かと付き合うとか、結婚するという時に、同じようなタイプの人がいいと自分と性格も好みも似通った人をパートナーに選ぶ人がいます。たしかによく似たタイプの人であればぶつかることは少ないのですが、自分とはまったく違う人と付き合うと、人生が豊かになるともいえます。最初はこんな感じ方、考え方をするのかと思って驚くことになりますが、それが二人の関係を悪くすることはありません。むしろ、自分とは違う反応をする人を見て、自分の感じ方、見方が唯一絶対ではないことを知り、さらに相手の感じ方、見方をたとえ賛成できないとしても理解する、少なくとも理解しようとすれば、相手に寛大になることができます。

読書でも同じことが起こります。自分が賛成し納得できることばかりが書いてある本を読んでいると、日常の生活においても異論に対して不寛容になります。

本への期待ということでいえば、出版される度に必ず買い求めて読んできた作家の作品がある頃からつまらなく思うようになるのは、一つには期待が大きすぎるということがあるでしょう。

著者は読者に喜んでもらうために書いているわけではないので、読者が失望してもどうすることもできません。

それまで好きだった本がつまらなくなるもう一つの理由は、読者である自分が変わってしまうということです。そのため、以前は面白く読んだ本が今はつまらなくなり、以前ほど心を動かさなくなることがあります。これも本の側の問題ではありません。

いうまでもないことですが、ある本や著者についての私の評価が変わっただけで、私の評価は本や著者の価値とはまったく関係ありません。

誰かに薦められたわけではないけれど、また、送られてくるのでもなく、たまたま本を手にすることもよくあります。堀江敏幸（小説家、フランス文学者、一九六四－）の本はそのような本の一冊です。

私はこの作家のことをまったく知りませんでした。その頃講義をしていた大学は自宅から片道三時間かかりました。京都駅の売店でたまたま堀江敏幸の『子午線を求めて』という本を見つけました。

私は出かける時には必ず何冊もの本を鞄の中に入れていくので、この日も読む本がなかったはずはないのですが、なぜ堀江の本を買おうと思ったのかは今となっては思い出せません。フランス文学をめぐるエッセイ集であるこの本に出てくる作家や詩人の名前も知らなかったのですが、一度だけ訪ねたパリのことを思い出しながら夢中で読み進めました。

ともあれ、その日の長時間の通勤はまったく苦になりませんでした。この本を読み終えてから次々に堀江の本を読むことになりました。小説ともエッセイともいえない独自のスタイルで書かれた堀江の本を読み、いつかこのスタイルで小説を書いてみたいと強く思いました。

偶然手にする本2

高校生の時に、英語で書かれた本を読もうと思いました。学習用に編集されたような本ではなく、どこにも日本語が書いていない原書で一冊の本を最初から最後まで読んでみたくなりました。

このように思ったのは、注釈などが一切ない本をはたして読めるのだろうか自分の力を試したいという気持ちもありましたが、この時は「もうこんな本が読めるのだ」という優越感のようなものを味わいたかったように思います。誰かに誇示しようとは思わなかったのですが。

こんなふうに思ったものの、原書は当時私の家には一冊もなかったので、英語の先生に相談しました。すると、先生はバートランド・ラッセル（イギリスの哲学者、一八七二－一九七〇）の"A History of Western Philosophy"（『西洋哲学史』）を貸してくださいました。

これは八百ページもある大部な本でした。一夏借りる約束をし、読み始めました。思いがけず面白く、今から思えば高校三年生の夏休みだったのに、一生懸命読みました。時間があった夏休みだから読めたともいえます。

英語もさることながら哲学についてよくわかっていないことも多く、簡単に読み進めることができたわけではありませんが、ラッセルの英語は非常に明快だったので、いつか英語を読んでいるとも思わずに読めるようになりました。

ちょうどその頃、西田幾多郎《きたろう》（哲学者、一八七〇－一九四五）の『善の研究』や京都学派と呼ばれた京都大学の哲学者の書いた本に興味を持って読んでいたのですが、哲学の本なのに英語で書いてあってもラッセルの本の方がはるかによく理解できることに驚いたものです。

夏休み明けの九月一日には読み終えることができませんでした。返すのが遅くなったことを詫びると、先生は私が読み通すとは思っていなかったようで驚かれました。この本を読んだことで、英語の本を読めるという自信をつけることができました。

英語の本を読みたいというところまでは私の意志でしたが、自分では選ばず、自分では手に取ることはなかっただろう本を読むことになったという意味で、この本は私にとって偶然手にすることになった本です。

自分では読まなくても誰かが読む

これとは少し違う本との偶然の出会いがありました。

私の父は本をあまり読まない人だったので、父の本棚は一つしかありませんでした。後に私は父とは違って本を必要とする仕事に就くことになり、私の書斎にはたくさんの本がありました。

高校生の息子が学校でもらってきた課題図書のリストを私に見せ、持っている本はないかたずねることはよくありました。大半の本を私は持っていました。私がこの本を読んでみたらと薦めることもありました。父が私に本を薦めてくれたことはたぶん一度もありませんでした。

営業の仕事をしていた父が家に帰ってから熱心に本を読んでいた記憶はありません。蔵書家でもなく、家には本はあまりありませんでした。父の本棚に何か面白い本がないかよく覗いていましたが、ほとんどがビジネス書で、私の興味を惹く本はありませんでした。

それでも時々は父が新しく買った本がないかと本棚を覗いたところ、ある日、加藤周一（文芸評論家、作家、一九一九―二〇〇八）の『読書術』を見つけたのでした。これは思いがけない出会いであり、求めて手に入れた本ではありませんでしたから、この本も私にとって偶然手にした本でした。父はこの本を題名からハウツー本だと思って手に入れたのかもしれません。父が期待していた内容でなかったからか、読んだ形跡がありませんでした。

ところが、この本にはまさに私が知りたかったことが書いてあったので、中学生だった私は夢中で何度も読みました。

小学校の担任の先生から本を読む楽しみを少し教えてもらいましたが、これから先読むべき本がたくさんあること、また、やっと少し英語が読めるようになったばかりでしたが、外国語の本もこの先勉強すれば読めるようになることを知って、学校での勉強だけでは知ることができなかったかもしれない学ぶことの楽しさ（の予感でしょうが）を知ることができたのです。

やがて、加藤の本を続けて何冊も読み、私は大きな影響を受けることになりました。就中《なかんずく》、『羊の歌』『続　羊の歌』を読むことで、戦争に向かって突き進む時代の流れに抗した知識人の生き方を知ったことは、その後の私の人生に大きな影響を与えたと思います。

加藤は医学部に在籍しながら東京大学の仏文教室で渡辺一夫らに学んだ人ですが、まだぼんやりと将来のことを考えていた時に文学部というところがあることを知ったのもこの本を通じてでした。

この本に描かれた加藤の少年時代の経験は私とは同じではありませんが、私の子どもの頃を思い出させました。加藤にとって小学校は大きな知的努力を必要とするところではありませんでしたが、彼は不器用な子どもでした。加藤が粘土細工でこしらえた頭は人間の頭には見えませんでした。これは何かという教師の問いに、加藤は「ネアンデルタール人です」と答えました。ネアンデルタール人のことを知らなかった教師に加藤は「ピテカントロプス・エレクトゥスより進化した人間の先祖だと思います」と答えたのですが、教師には加藤は生意気な子どもに思えたでしょう。

私は生意気ではありませんでしたが、自分をよく見せようとするところはたしかにあったので、同じ状況だったら私も加藤と同じようなことをいいかねないと思いました。

父は自分がその加藤の本を買ったことを覚えていなかったかもしれません。しかし、その本が私に影響を与えるという形で父は貢献することになったのです。

こんなことがあるのなら、自分では読まないかもしれない本を買っておくことも有用かもしれません。自分では読まなくても、いつか誰かが読む可能性があるからです。私の知人は新しく刊行された新書をすべて買うことにしました。そのような買い方をすると、多くの本は自分では読まないのかもしれませんが、他の人が手にするかもしれません。

自分もすべて買うのでなければ読まなかったであろう本を読む気になるかもしれませんし、その本から何かしらの影響を受けるということはありえます。

自分では読まない本

中学二年生の時に交通事故で入院したことがありました。家庭教師の先生が見舞いにこられました。先生は二十七歳で、中学生の私にはお兄さんというより、落ち着いた人だったので大人に見えました。私自身がその年になった時、少しも自分が大人だとは思えませんでしたが、中学生の私には大人だった先生とは親しく話せませんでした。家族や学校の先生以外の大人で尊敬の念を持ったのはこの先生が初めてだったかもしれません。

先生が京都大学を卒業してから企業に就職した後、再び仏教を勉強するために文学部に学士入学をしたという話は、私に大きな影響を与えることになりました。父の書棚から加藤周一の『読書術』を見つけ、学問の雰囲気を味わった頃に重なるかもしれません。

先生は『森鷗外集』を持ってこられました。「山椒大夫」「高瀬舟」「雁」などが収められていました。その頃の私には簡単には読めませんでしたが、自分では読もうと思わなかった、そもそもそんな本があることも知らなかった本を読めたことはよかったと思います。

そもそも、家庭教師の先生について勉強することになるとは思ってもいなかったのですが、京都市内にある私立高校に進学することを担任の先生に勧められたのがきっかけでした。学校の勉強だけでは足りない、家庭教師につかないといけないと先生の紹介で家庭教師について勉強をすることになり、毎週土曜日に教えにこられたのがこの先生でした。

もしもこの先生が法学部や経済学部に通っているもっと若い人であれば、私のその後の人生はかなり違ったものになっていたのではないかと思います。

先生は先に書いたように、大学を卒業して就職した後、復学し、仏教の勉強を始めたばかりでした。普通の生き方をしている人しか知らなかったので、大学を出てからもう一度勉強し直すというような生き方をしてもいいのだということを知って驚きました。私の父は薬品問屋で営業の仕事をしていたので、やがていつかは私自身も普通に会社勤めをするのだろうと漠然と未来のことを思い描いていたのです。

森鷗外の小説が当時の私にはおよそ自分では手に取るはずがなかった本であったように、それまでの私の人生の中で一度も会ったことがない人と出会うことは私にとって意味のあることだったと思います。

その先生はいつも風呂敷に本を包んで持ってこられるのですが、ある日、その風呂敷の間から見えた本の題名は『仏教における時と永遠』だったと記憶していますが、「時と永遠」は後に影響を受けた哲学者の波多野精一が書いた『時と永遠』と記憶が混交しているかもしれません。それを見ても、何が書いてある本かは少しも理解できなかったはずですし、先生に今どんな本を読んでいるのかというようなことをたずねたことは一切ありませんでした。

先生が風呂敷を使っているのを見て、私も真似ました。また、先生の使っている万年筆を見て、自分でもほしいと思って同じメーカーのペン先の太さも同じ万年筆を買いました。自分の小遣いでは買えるものではなかったので親に買ってもらったはずなのですが、親をどう説得したかは覚えていません。

風呂敷や万年筆だけでなく、まだ当時は漠然としたものでしたが、学問への姿勢のようなものが私に伝わってきたように思います。

京都市内から遠く離れたところに住んでいたので、土曜日に数学と英語をまとめて勉強しました。母は先生のために夕食を作り、お風呂にも入ってもらいました。勉強をしていない時間もあったはずなのですが、世間話をした覚えがなく、仏教の話を聞いた覚えもありません。あまりにも私には先生は大人すぎたのです。

中学校を卒業するまでお世話になるつもりでいたのですが、先生は卒業論文で忙しくなり、受験のかなり前にこられなくなりました。

それから十年以上経ってから先生と大学で再会しました。当時、私はいろいろと紆余曲折の後、ギリシア哲学を学び始めていました。先生になぜここにこられているのかたずねたら、その年からチベット語を教えることになったということでした。仏教の経典はサンスクリット語で書かれているのですが、サンスクリット語の原典が失われた経典については、チベット語訳で読まなければならないのです。

仏教と哲学の違いはありますが、先生と似通った学問を私が学んでいることを知って先生がどう思ったかはわかりません。私はその時、中学生だった私が週に一度、英語や数学をその先生から教わるだけなのに大きな影響を受けていたことを知りました。

出会いの偶然を必然にする

論文や本の原稿を書いている時に偶然手に入れた書物が難局を打開したという経験は私は何度もあります。後になってもしもこの本を手にしていなかったら、論文や本は書けなかっただろうと思いました。

しかし、実際そうだったのか、つまり、もしもその本に出会わなかったら満足のいく本が書けなかったかというと、そうとは限らないとも今は思います。

もしも、あの時、あの本を手にしていなかったら、この本を書くことはできなかっただろうというストーリーを自分の中で作りたかっただけかもしれません。

反対に、後になって誰かから最近出たばかりの本を読んでいなかったことを知った時は、この本を読んでいたらもっといい論文を書けたかもしれないのに、と納得のいく論文を書けなかったことの理由を、その本を読まなかったことのせいにするかもしれないからです。

人との出会いも同じです。運命の人と思える人と出会って、その後の人生が大きく変わったという人がいますが、本当のところは誰にもわかりません。本であれ、人であれ、出会ったからといって、そのことが人生を変えるわけではないのです。

また、辻邦生（小説家、フランス文学者、一九二五－一九九九）が幸田文《あや》に会った日のことを次のようにいっています。この日、二人は「人生における〝縁〟」というテーマで対談をしました。辻はこの時五十代の半ばでした。幸田は歯切れのいい清楚な色気に溢れていました。

「今日は本当によいご縁をいただきました。夏の着物を着た幸田は、背をしゃんとしてこんなふうに話しました。ただにおりましてはね、私、多分辻さんにお目にかかるご縁はなかったと思いますんですよ。まるで違う世界におりますし、歳《とし》もたいへん離れておりましょ。やはり、これは私の七十七歳の夏にちょうだいした一つの得がたいご縁と思って、それで今日はうかがいましたの」（辻邦生、水村美苗『手紙、栞を添えて』）

たとえ、偶然であれ、誰かに薦められてであれ、本を手にしたのが「縁」になるとは限りません。本や人との偶然の出会いを必然にしなければなりません。

絶望に打ちのめされ、生きる意欲も失っていたニーチェがある晩秋の日、ライプツィヒの古本屋の店頭で一冊の本を手にしました。この本を買って帰れというデーモンのささやきが聞こえました。

なけなしの金をはたいて本を手に入れたニーチェは、それから二週間、夜はいやいやながら二時に床に入り、朝はきっかり六時に床を離れ、憑かれたもののように読みふけりました。この本とはショーペンハウアーの『意志と表象としての世界』であり、この本との出会いが後年のニーチェの思想を作り上げることになりました。ショーペンハウアーはまるで私のために書いておいてくれたかのようである、とニーチェはいっています。本とのそのような幸せな出会いが生涯において何度あるでしょう。

いつか図書委員をしていた時、「魂を揺さぶった一冊の本」を先生方にたずねたら、倫理社会の先生に呼び出されました。「魂を揺さぶった本が一冊であるはずはない」と、一冊だけあげるという企画について駄目出しされました。その時、一冊でも先生の魂を揺さぶった本が何であったかをたずねたらよかったのですが、たずねた記憶がありません。

本が魂を揺さぶるかどうかは、もちろん、本が良書である必要はありますが、読者がそれをどう受け止めるかにもかかっています。その意味では、魂を揺さぶる本を一冊に限ることは難しいことになります。

先にも私がたまたま手にした本をあげましたが、私にとって重要な意味を持つことになった本との出会いといえば、プラトンの『ソクラテスの弁明』です。

ある日の倫理社会の授業で、ギリシア語のアルファベットの読み方を教わりました。私が通っていた学校は進学校で、受験を視野に入れた授業が多かったのですが、この倫理社会の授業はおよそ受験とは遠いものでした。哲学を将来学びたいと思っていた私にとっては、この授業を受けるために高校に入ったのではないかと思うほど興味を持って毎回授業に臨みました。

その日は、ギリシア文字の読み方を教わっただけではなく、新約聖書の『ヨハネ福音書』の冒頭の一節も読みました。当時のノートを見ると、文法の説明も受けたことがわかります。

翌日、同級生の一人が一冊の本を持ってきて、それを私にくれるというのです。それが『ソクラテスの弁明』でした。

「じいさんの本棚にあった。じいさんはギリシア語は読めないから、お前が持っている方がいい」

と友人はいいました。それでその本は私の書棚に置かれることになりました。『原典プラトン ソクラテスの弁明』（田中美知太郎校註）にはギリシア語本文と、それの倍以上の長さの詳しい注釈がついていました。もちろん、ギリシア語を読めたわけではありませんが、プラトンが書いたものを時空を超えて今の時代に読めることに胸が躍りました。

ギリシア語を学び始めるのはこのことがあって何年も先のことでしたが、この時の『ソクラテスの弁明』との出会いがなければ、その後の私の人生はずいぶんと違ったものになったのではないかと思います。

私は高校生だからといってレベルを落とすことのない先生の授業を受けたことで自分が大人になった気がしました。やがて、先生の影響で将来哲学を学びたいと思うようになったのですが、ある日、先生から職員室に呼び出されました。あろうことか、先生は私に哲学を大学で学ぶことに反対したのです。

生活に困るというのが反対の理由でした。先生も生涯哲学を学んだきたではないか、と私は先生の話に少しも納得できませんでした。哲学を学ぶと本をたくさん買わないといけない、その本を引っ越しの度に運ばなければならない。綺麗な本ばかりではない、古書もあるのだ。そんな、私には本質的ではない話が続きました。

私自身は蔵書家ではありませんが、それでも一度家に入った本は出て行くことはないので、いつの間にか本が増えました。引っ越しの時に限らず、本を持つことが大変だということを先生は私に教えようとされたのでしょう。

もしも私が先生と同じ立場で学生から哲学を専攻したいという相談を受けたら、本のことは持ち出さないかもしれませんが、手放しでそれはいいことだとはいわないだろうと今は思います。哲学を学ぶことが世間的な成功を約束するはずもありませんから、苦労する覚悟があるのかは知りたいと思うでしょう。この時も先生はそのような思いで哲学を大学で学ぶことに反対されたのでしょう。

懸命の説得にもかかわらず私の決心が揺るがないのを見た先生は、ある本を一緒に読むことを提案しました。マルクスの『経済学批判』の序文をテキストに土曜日の放課後に個人授業を受けることになりました。当時、高校の隣にあった大学で先生が講義をする時に使っていたテキスト（ガリ版）をそのまま使いました。

人間の物質的生産活動こそ、歴史の中心にあり、歴史を動かすものは、個人の理想や情熱などではない。生産様式（＝生産力＋生産関係）としての「土台」あるいは「下部構造」が、法律あるいは政治、社会制度などの「上部構造」と、イデオロギー、文化、道徳、宗教、芸術、思想などの観念形態を規定する。資本主義という下部構造が崩れ、社会主義そして、やがて、共産主義になれば、それらの下部構造（土台）の上に築かれていた上部構造もすべて崩れ去る。

歴史を動かすのは、統御不可能な生産力であるという考えは、当時の私には納得しがたく大いに反発しました。マルクスが自分自身の哲学は上に見たような歴史法則の適用外であるとしているところは自己矛盾ではないかと考えたのです。下部構造の変化に伴ってマルクスの哲学も崩壊するのは必至のはずだからです。

このマルクスの理論を教えることで、先生は、下部構造が変われば瓦解《がかい》するような哲学を学んでも意味はないということを伝えたかったのでしょう。先生は京都帝国大学で西田幾多郎に師事したのですが、戦後、公職追放にあったという話を聞きました。高等女子師範学校の校長まで務めた先生は戦後、京都で高校の教師になりました。先生の公職追放の他ならぬ原因となったマルクスの思想に私を触れさせようとした背景にあるように思いましたが、たしかめることはしませんでした。

先生はただ引っ越しの時に本が多いので大変だというような理由で私に哲学を学ぶことを思いとどまらせようとしたのですが、哲学がマルクスがいうように土台の崩壊と共に消えることのない普遍的なものであると私は考えていたので、いよいよ哲学を学ぶ意思を固めてしまいました。

このプリントには、ドイツ語の原文も書いてあったのですが、私がドイツ語も読んでほしいといった時、先生はなぜ高校生なのにドイツ語が読めるかというようなことは一切たずねませんでした。大人として見られたとこの時も思いました。

高校でこの先生の授業を受けたのは当然私だけではなかったのですが、皆が哲学を学ぶようになったかといえばそうではありません。家庭教師の先生も私だけを教えていたわけではないでしょう。

私の側に将来、哲学に向かわせる何かが育ちつつあったのでしょう。

読書で起こる共鳴

どんな時に本との偶然の出会いが読み手にとって自分の人生を変えうるようなこと

になるのか。

森有正（哲学者、一九一一－一九七六）が次のようにいっています。

「リールケの名は私の中の隠れた部分にレゾナンスを引き起し、自分が本当に望んでいるものは何であるか、また自分がどんなに遠くそれから離れているかを同時に、また紛らせようもなく明確に、感得させてくれる」（「リールケのレゾナンス」『森有正全集』第四巻）

森は、リルケの自分への影響の与え方が共鳴（レゾナンス、私の内部の共鳴）であることを語っています。リルケという詩人の名前を聞くだけでも、自分の中の隠れた部分にレゾナンスを引き起こすといっているのです。

積極的に働きかけるのでも、何も働きかけないのでもなく、他者を支配せず、支配もされず、自分のままでいながら影響を与える――「レゾナンス（共鳴）」という働きかけです。

ドイツの作家ルー・ザロメが男性と情熱的に接すると、九ヵ月後には、その相手男性は一冊の本を書きました。彼女と親交のあったニーチェもリルケもザロメから霊感を受けて本を書き、詩を書きました。

本を書いたことはなくても、新しい恋が始まれば、読む本が変わり、聴く音楽が変わるという経験をした人は多いでしょう。

読書の際、この変化は自発的に起こりますが、共鳴が起こるためには振動数が同じでなければなりません。読者側の準備ができていなければならないということです。

若くして亡くなった私の母は、晩年、シュトルムの『みずうみ』という小説をドイツ語で読んでいました。

英語が得意だった母は、私が中学生になったら英語を教えるといっていました。中学生になると約束通り、母は私に英語を教えてくれましたが、幸か不幸か私はたちまち上達し、母が私に教えられることはすぐになくなってしまいました。

その後、私が大学生になると、母は私にドイツ語を教えてほしいといい出しました。そこで、一通り文法を教えたのですが、その後、母は丹念に辞書を引いて、このシュトルムの小説を読み始めました。なぜ一緒に読まなかったかは今となってはわからないのですが、その頃は私が勉強で忙しくなっていて母にドイツ語を教える時間がなかったのでしょう。

母が亡くなってずいぶん経ってから『みずうみ』を読んでみようと思いました。どんな話なのかは知っていたので、本の内容を知るために読もうとしたわけではありません。その時は、母がこの本のどこに惹かれたのだろうかとか、この本を読んでいた時、母はどんなことを考えていたかを知りたかったのです。このようなことを思いめぐらせながら読むのは心躍る経験でした。

母のことを思いながら、『みずうみ』を読んでいた時、私の中に「レゾナンス」が起きていました。

このようなことは亡くなった人でなくても、自分が好意を持っている人が一体どんな本を読んでいるかに関心があれば、その人が読んでいる本を読み、共鳴することはあるでしょう。

アドラーは「相手の関心に関心を持つ」といういい方をしています。自分が関心がある、尊敬していたり好意を持っている人が読んでいる本に関心を持つと、それまで読んでいたのとはまったく違った傾向の本を読むようになるということはよくあります。

好きな人にこのような仕方で関心を持てない人は、会って話している時も自分の話しかしないかもしれません。反対に、この間話の中に出てきた作家の本を私も読んだというような話をする人がいれば、自分に（正確には、自分の関心に）関心を持ってもらえたと思え嬉しくなるでしょう。

本を読むきっかけ

息子が高校生の頃、よく私の書斎に入ってきてこの本を持ってるかと、学校から渡された課題図書のリストを見せにきたのは、先に書いた通りです。その多くの本を私は持っていましたから、そのような環境で育った子どもが読書好きになるというのはある意味当然ともいえますが、それではどの子も本を好きになるかというと必ずしもそうではありません。

「何か面白い本ない？」と息子がたずねるので、「私の書いた本ならその書棚にたくさんある」といったところ、「君の本はいい」とあっさりと断られました。

息子は親に頼らず自分で読みたい本を探し出して読むような子どもでしたが、子どもがあまり本を読まないがどうしたらいいかという相談はよく受けてきました。無理強いしないのが一番大切なことだと思います。親から薦められたら、かえって読まないということはあります。実のところ、子どもが本を読み始めたら、それはそれで学校の成績が下がるのではと心配する親もいます。

親が本を読んでいるところを見れば、子どもはそのことから影響を受け、自分でも本を読むようになるかもしれませんが、本ばかり読んでいるような生活は嫌だと思って本を読まなくなるかもしれません。どんな本を読めばいいかという助言を求めてくるのであれば、「この本が面白かった」というような薦め方はできますが、この本は絶対読むべきだというような薦め方は避けた方がいいでしょう。

子どもが何をきっかけにして本を読むようになるかというようなことはわかりません。私の娘が私の本を読み始めたのは、結婚して子どもが生まれてからでした。誰でも経験することですが、子育てはなかなか思うようになりません。子どもが夜寝ようとしない、また何度も夜中に目を覚ましたりして困っていた時に、私が子育ての本をたくさん書いているということに気づいた娘は、私が薦めた本を次々に読み始めました。

今では友人たちに「私はお父さんの本をバイブルにしている」とまでいって薦めてくれています。

本の中に永遠に生きる人

本を読むと、その本の著者がすでに亡くなっていても、その人がそこにいるかのように感じることがあります。そのような時には、本を読んでいるというより、その人と話をしている気がします。

辻邦生が『樹の声 海の声』という小説の中に登場する有島武郎の妻である安子のことについて書いています(辻邦生『微光の道』)。安子の死を描く時は、「私自身涙を禁じ得ないほどであった」。ちょうどその章を辻は軽井沢の家の二階で書き終えました。

「八月六日の午後だった。原稿を封筒に入れ一息ついたとき、背後に、人の気配がした。妻が時どき足音をしのばせて、いきなり驚かすことがあるので、これはまたいたずらだなと思い、先手を打って、私がわっと言って振り返った。しかしそこには誰もいなかった。たしかに人の気配はあったのに、と思ったが、その時はそのままで終った」

後になって資料を片づけていて、八月六日は安子の祥月命日だったことに辻は気づきました。

もはや死んだ人を知覚的に知ることはできません。その姿を見ることも、声を聞くことも、手で触れることもできません。しかし、夢の中で死んだ人に会うことはあります。その時、その人は生きている時と何ら変わりなく、現存していると感じられます。本を読む時も、夢の中で死んだ人と再会するような気になります。

死んだ人が生前語った言葉を折に触れて不意に思い出すこともあります。もちろん、本を読めばそこに言葉が記されています。藤原定家にこんな歌があります。

「をしへおくその言の葉を見るたびに又問ふかたのなきぞかなしき」

もはや直接何かを学ぶことはできません。しかし、その人が残したものがあります。あの時、あの人は一体何をいおうとしたのかと思います。故人はもはや知覚で捉えられる形では立ち現れませんが、想起的に立ち現れます。面影でも、記憶像でもなく、故人が事実、生前のその形で立ち現れるのです（大森荘蔵『流れとよどみ』）。

生者であっても、いつも近くにいるわけではありません。近くにはいない、また、長く会っていない友人のことを思い出すのは死者を思い出すのと同じです。目の前にいなくても、声を聞けなくても、手で触れることができなくても、その人を近くに感じることができます。違いがあるとすれば、生者とは再会する可能性があるのに対して、死者はその可能性がないということです。

本を書いた人と読者とは故人や遠く離れている人のように結びついています。

入院していた時、「本は書きなさい。本は残るから」と主治医にいわれました。入院は一ヵ月ほどだといわれていたのですが、退院してもすぐによくなるとは思えなかった時に、どんなに状態が悪く、たとえ一歩も外に出て行くことができなくても、せめて家にいて本を書けるぐらいには回復させてほしいと医師にいったところ、医師はその私の言葉を受けてこう答えたのでした。

その頃、私はすでにベッドに身を起こしてパソコンで原稿書いていました。その様子を見た医師が、もしも今の状態がよくなければそんなふうに身を起こすこともできないはずだといって笑いました。もちろん私が心筋梗塞になったのは私にとっては初めての経験で、今後どうなるかまったく予想もつかなかったのですが、多くの患者を診てきた医師には私の状態がそれほど悪くないということがわかっていたのでしょう。

しかし、医師がその時にいった「本は残る」という言葉は、その後も私の中に長く留まり続けました。私は死んでも本が残れば、私は本を読んだ人の心の中で生き続けることができると思ったからです。

一見、非情な言葉のようにも聞こえないわけではありませんが、本を書けるくらいには回復できるといわれたという意味では、医師の言葉は私にとって希望の言葉でした。

私がこれからどうなるかはわかりませんが、医師がいうように私の本が残れば、私はその本の中で生き続けることができます。そのような意味での不死を望むことについては考えなければならないことはありますが、すでに鬼籍に入った著者でも、本を読んでいる間は今も生き続けていると感じる時、私の死後に誰かが私の本を読んでいることを想像することがあります。

すぐに読まない本

読む側に準備ができていなければ、どんなに評判がいい本でも心に届くことはありません。

また、買ったけれどもその時は役に立たないように思って読まないままになってしまう本があります。数十年後に必要があって取り出して読むということは私の場合、割合よくあります。そんな時、この本が「今ここ」にあってよかったといつも思います。

私の指導教官だった藤澤令夫の還暦祝賀会を研究室のメンバーで企画したことがありました。先生にはソポクレスの『オイディプス王』の翻訳があるので、古代ギリシア語でこの悲劇を上演しようという話になりました。

その時に原文テキストを買ったのですが、その頃はプラトンの対話篇を読むだけで精一杯で悲劇までは読めませんでした。その後、三十年ほど経って著書の中で引用する必要ができた時、その時に買った本を取り出してきました。

高校時代の担任の先生が、研究者というのはもしも今何かの本が必要になった時に直ちにそれを自分の書棚から見つけることができないといけないといっていたことに驚いたことがあります。今はそれはあながち誇張ではないような気がします。

今はさしあたって読まない本でも買っておかないとすぐに書店からなくなってしまいます。この点に関しては、今はインターネットで古書を買えるようになったので、絶版になった本でも以前より容易に手に入れられるようになりました。

それでも、今買っておけばいつかその本を読むこともあります。後になってから読むことになるのは、研究のために必要になるというような実用的な理由からだけではありません。先に見たように、読者が成長し、本との共鳴が起こった時に、かつて買った本が「今」の自分にとって「魂を震わせる一冊の本」になるのです。

読み通せない本

人から薦められて読み始めてみたものの、あまり面白くなくて読むのをやめることもありますし、今の自分には必要がないと判断して読むのをやめることもあります。

一冊の本を最初から最後まで一気に読むようなことは最近はあまりありません。ドストエフスキーの『カラマーゾフの兄弟』を読んだのは大学生の時でしたが、私が面白いとこの本を読んでいたことをずっと母は覚えていて、入院することになった時、まだ読んでいなかったので読みたいといい出したのです。

前述の通り、入院するずっと前に母にドイツ語を教えていましたが、もう一度勉強したいというのです。

しかし、やがて根気が続かなくなって、ドイツ語の勉強は断念し『カラマーゾフの兄弟』を読むことにしました。私が読み聞かせました。

毎日何時間も読みましたが、それほどたくさん読めたわけではありません。

この本を読むことに私は躊躇しました。一つは、そこに新約聖書の次のような一節が出てくるからです。

「よくよくあなたがたに言っておく。一粒の麦が地に落ちて死ななければ、それは一つのままである。しかし、もし死んだなら、豊かに実を結ぶようになる」

すでに死を予感しなければならないほど状態がよくなかった母に、死について語ったこのような一節を聞かせていいものか迷ったのでした。

もう一つは、兄弟の母親が父親との関係がよくなかったことを語っているのですが、私の両親の関係がはたしていいのか悪いのかということがわかっていなかったその頃の私には、母が自分たちの関係を連想するのではないかとためらったのでした。

そのうち母の意識のレベルが低下してしまい、本を読むことを断念しなければなりませんでした。本を読んでも母がうつらうつらし、聞いていないように見える時間が増えていったからです。

読んでいるのに聞いていないではないかというようなことはもちろんいいませんでしたが、母が聞いているので音読したのであり、母が聞いていないのなら自分で読むためには声に出す必要はなかったのです。

母は『カラマーゾフの兄弟』を最後まで読み通すことはできませんでした。

本を読むのを一度中断したら次にいつ読むのを再開できるかはわかりません。また読みたくなるかもしれませんが、二度と手にすることがないかもしれません。

途中まで読んで二度と手にすることがなかったとしても、そのような本からも何か学ぶことはあります。

読み終えるまでに何十年もかかった本もあります。リルケの『マルテの手記』は大学のドイツ語の時間に読んだのが最初ですが、ドイツ語の力が十分でなかったこともあって、内容の理解には程遠かったです。

後にリルケの書簡や別の作品を読みましたが、『マルテの手記』を最後まで読んだのは五十歳を超えていました。

ずっと気にしていたわけではなく、存在も忘れていた本も、読まなければと意識の片隅にあった本もありました。『マルテの手記』は後者の例です。

すぐに読まない本があってもいいと思います。精神的な積読とでもいえるかもしれません。

何度も繰り返し読む本

次から次へと新しい本を読むのもいいのですが、繰り返し読む本があれば時に次に何を読もうかと迷った時でも、そのような本が手近なところにあれば、迷うことなく読むことができます。

私の専門なので必ずしも楽しみのためではなかったともいえますが、プラトンの対話篇は繰り返し読みました。前にヘラクレイトスの「同じ川には二度入れない」という言葉を引きましたが、何度読んでも発見があるのは、読む度に自分が成長しているからで、前に読んだ時とは違った読み方をしていることがわかります。

一番よく読み返すのは自分で書いた本です。自分で書いたはずなのに、再読する時は違った意味を見出すことがあります。書いた時には経験していなかったことをその後の人生で経験する時があります。そのことで難渋している時に、かつて自分が書いた本が解決の糸口を見出す力になるのです。その時、書かれている言葉に以前読んだのと違う意味を見出します。

高校生や大学生の頃は、二度と同じ本を読むことはありませんでした。再読するようになったのはもう少し年がいってからのことです。

哲学者の森有正や辻邦生の本を繰り返し読みました。いずれも将来、自分でも書いてみたいと思う本を書いた人です。森の『バビロンの流れのほとりにて』は、フランスでの暮らしの様子、日々考えていることなどが日本の友人宛てに送った書簡の形になっています。

森が「体験」と「経験」を区別し、一度きりの出来事を何度も同じようにしか話さない「体験」ではなく、過去の一度きりの出来事でも、絶えずその出来事の意味を反《はん》芻《すう》し新たな意味を見出していくことで「経験」にしていかなければならないといっていることに興味を覚えました。

何事もすぐに理解できることなどなく、本当に理解するためには経験にまで高めていかなければなりません。何十年もかけて少しずつ理解に近づいていくというような学び方があることを私はこの本で知り、森がいっていることをさらに知りたくて全集も手に入れました。

森が論文ではない形で自身の哲学を語っていることにも影響を受けました。いつか、『バビロンの流れのほとりにて』のような本を書いてみたいと思っていますが、「いつか」といっていたら命が尽きるのではないかと、この頃は少し急がねばと思っているところです。

この森が影響を与えた辻邦生の小説もよく読みました。ことに『ある生涯の七つの場所』はカードを取って読んだほどです。例えば、「赤い場所からの挿話」（これとは別の短編には題名がつきます）であれば、「雪の前雪のあと」には赤いドロップが出てくるというふうに、小説のどこかに何か赤いものが出てくるのですが、表現が巧みで、自分では到底こんなふうに書けないと思った箇所をＢ６判の大きさのカードに書き出していきました。

このようにして丹念に小説を読み、博士課程に入ったら自分でも小説を書こうと思うようになったのですが、まだはたせていません。博士課程に入ってからは、修士課程に在籍中は演習などに出るための予習に時間を取られ、生涯で一番勉強しているのではないかと思うほどだったからです。

『嫌われる勇気』の中で哲人が、小説家になることを夢見ながら、仕事が忙しいことを理由になかなか作品を書き上げない若い友人について語るところがありますが、その若い友人のモデルは私なのです。哲人は彼が賞に応募しないのは、応募しないことによって「やればできる」という可能性を残しておきたいのだと手厳しくいい放っています。

本を読めない時

近年は本の原稿を書いて過ごす日が多く、そうなると、以前ほど本を読めなくなってきています。これは時間がないということではありません。目下の関心事から遠い本を読むと、集中が途切れるような気がするからです。

しかし、本当は集中が途切れるというのは嘘です。原稿を書き進めなくなった時に、そのことの理由を探しているだけなのです。

三世紀の哲学者であるプロティノスは目が不自由なこともあって、自分が書いたものを二度と読み返すことはなかったと伝えられています。

ポルピュリオスが書いた『プロティノス伝』によれば、彼は考察を最初から最後まで自分の心中で完成させておいてから書き始めたようです。その様子は他の書物から転写しているかと疑われるばかりだったようで、執筆の途中で他の誰かと話をしても、対話の相手が帰るとそれまで書いていた部分を読み返すこともなく残りの部分を書き継いでいくことができました。そのありさまはまるで談話をした途中の時間がまったくなかったようであったとポルピュリオスは語っています。

このプロティノスの例は特異なものと見られるかもしれませんが、思考は彼のように話をしていても途切れないということも知っていてもいいかもしれません。そうであれば、一人でなくても、どんな喧騒の中にあっても、途中、何度も中断されることがあっても、平気で考え続けられるでしょう。

私が好きな韓国の作家であるキム・ヨンス（一九七〇-）は、原稿を書いている時は本を読まず、人にも会わないで引きこもって暮らすと書いています（『청춘의 문장들+[青春の文章+]』）。本を書く時には「没入」しなければならないからです。

私の場合は仕事柄、人に会わないわけにはいきませんし、本も読みます。ただし、本を読むにしても、前に読んでよかったもの、内容も熟知しているものを選ぶことになります。今まで一度も読んだことがない作家の本を読むことは楽しいですが、集中して考えごとをしている時には気を逸らさせることになると思うからです。

しかし、よく内容を知っているはずの本であっても、前とはまったく違う感じ方をすることがあるので、そうなると気分を変えるために読むつもりだったのに、初めて読む時のような感動を覚え、仕事を忘れて本にのめり込むこともあります。

もっともこの場合、本来の仕事をしたくないので、本を読むことに逃げているだけかもしれません。前にも書きましたが、試験の前日に小説を読みたくなって、勉強ができなかったという経験をしたことがある人はいるでしょう。それでも、いい成績をとれたらいいのですが、試験の前に本を夢中で読んでしまうのは、もしも本を読まなかったら勉強でき、いい成績をとれたのにといえるからです。もちろん、本のせいにすることはできません。

本は仮面を外す

私の主治医は本が好きで、入院していた時、病室にある私の本に興味を持ち本のことなどについて話すようになったことは先にも書きました。回診の後、長々と本の話で盛り上がったことがよくありました。「最近、まわりに賢い人がいなくてね」という医師の言葉は文字通り解してはいけないでしょうが、先生のまわりには本の話ができる人がいないという意味だったのでしょう。

「学生の時に一生懸命勉強したんだ」と私が病室に持ち込んでいたドイツ語の本を大きな声で読み出したこともありました。

本は喜びによって人と人とを結びつけるということも先に書きましたが、主治医と本の話をした時には、医師と患者という仮面を外すことができたのです。

普段、人はいろいろな仮面を被って生きています。ラテン語ではこの仮面のことをペルソナ（persona）といいますが、このペルソンが英語のパーソン（person）、人という言葉の語源なのです。

仮面をしていると自分を守れるような気になります。自分自身を人に見せなくても人と関わっていくことができるからです。

仮面を外して、個人として人と関わると、関係は近くなり、そうすることで人と人とが結びつくのです。私の息子が山で知り合った人と結婚しましたが、山では下界とは違って仮面を被る必要がありません。つまり、どんな仕事をしているとか、どこに住んでいるかとか、学歴というようなことは山で出会った人が親しくなるためにはまったく知る必要がないということです。

本を読んでいる時も、論文なのに、著者が研究者というより個人として自分の考えを書いているのがわかることがあります。このような時も、ここは研究者としてこう書いたのだけど、実はこんなことを書いてみたかったと著者の個人としての肉声が聞こえてくるような気がします。

そのような声が聞こえ始めた時、それまで難解だった本が急にわかるようになることがあります。著者と波長が合うということなのかもしれません。

読者の方も身構えず、著者に向き合い、わからないと素直になれば見えてくることがあるかもしれません。

本を読めないほど忙しいことはない

私が高校生の時教えを受けた哲学の先生は、「退職したら若い時に買いためた本を読んで過ごす」というのが口癖でした。私が初めて会った時には先生は七十歳でした。現役の教師のまま亡くなったので、本を読んでゆっくりと過ごすことはなかったかもしれませんが、本を読むことが他の何事にも代え難い至福の喜びであるということは高校生の私にも伝わってきました。

「若い頃、金儲けのことしか考えずに生きてきた人は、他のことは何も知らない。本を読むことも知らない」

そう先生は語っていました。

私の先生のこの言葉に、本を読む時間がないのは金儲けのためではなく、生活のために働かなければならないからだと反発する人がいるかもしれませんが、本は時間があれば読めるというものではありません。また毎日何冊も速読するという人でなければ、一冊の本を読み通すのには時間がかかりますし、一冊の本の値段はそう考えると高いわけではありません。

本の価値を他のものと比べることはできませんが、もしも高いと思う人があれば、知識や情報にお金を払うことに価値を認めてこなかったからではないかと思います。本を読んでもお腹はふくれませんが、空腹をこらえてでも、寝食を忘れて本を貪り読むというのは生きる喜びだと私は考えています。

そうすることができる時間と夢中になって読める本に出会うことが前提になりますが、どれほど忙しいからといって本をまったく読めないほど忙しいことはないでしょう。仕事のために疲れ果てて読めないのであれば、そのような働き方に改善の余地があるといわなければなりません。時の経つのも忘れて読めるような本にどうすれば出会えるかということはよく考えてみたいと思います。いつも人は今何をするかということを判断して生きています。意識的に努めて本を読もうと思えば、本を読む時間がまったくないということは本来ありえないのではないでしょうか。

人に本を貸さない、借りない

さしあたって読まない本、あるいは、もう読んでしまったので再読することは当面はないと思っている本でも人に貸さないのがいいでしょう。貸したことを忘れてしまうのも問題ですが、いつその本が必要になるかはわからないからです。

どのような形であれ本を貸してもいいと考える時には、その時はその本が差し迫って必要がないと判断するからですが、後に必要になる時がくることを予想していないからです。思いがけず、その必要が起こることがあります。

何かの折に「あの本に書いてあった」と思い出し、書棚を探しても出てこないことが何度もありました。探している途中で、貸したことを思い出した時は本当にがっかりします。

返してもらえばいいわけですが、「今」必要なので、貸したことを悔やみます。もちろん、自分が貸したのですから借りた方には何の責任もありません。

必要な本が手に入らない時は、まずは図書館に当たるべきでしょう。誰かに借りるのは最後の最後にした方がいいと思います。その場合は必ず借用書を書くべきです。必要だが手に入りにくい本は貴重な本なので、なかなか貸してもらえないかもしれません。

他方、誰かに自分が読んでよかった本を薦め誰かに貸す時には、返ってこないことがありうることを前提にしなければなりません。いっそ進呈した方がいいくらいです。学生の時、先生方から本をもらったことがあります。今も大切に手元に持っていますが、先生方は私が訪ねていた時に、お土産代わりに何冊も本をくださったのです。学生が訪ねてくれることがあれば私も嬉しいでしょうし、その時に何かお土産のようなものを考えた時に本を進呈するというのは私もしてきたことです。

私が先生にもらった本でその後研究に役立てられたのは、"The Presocratic Philosophers"(Kirk, Raven『ソクラテス以前の哲学者』)、"Early Greek Philosophers"(John Burnet『初期ギリシア哲学者』)という本でした。ソクラテス以前の著作は「断片」という形でしか思想が伝えられていません。今はもう現存しない哲学者の本を他の誰かが自分の著作に引用していれば、その引用を断片といいます。

まだその頃の私はギリシア哲学を専攻しようと決めていなかったのですが、この二冊はソクラテス以前の哲学者の思想を、さらにギリシア哲学を学ぶための基本的な本で必ず持っていないといけないものです。そのような本を普段授業に出ているとはいえ初めて訪ねた時にいただき恐縮しました。

図書館の利用法

私は子どもの頃は自分で本を自由に買うことができなかったので、学校や市立の図書館で本を借りる必要がありました。

自分で買えるようになっても、書店では手に入らない本もありますし、手に入ったとしても、必要な、あるいは読みたい本をすべて自分で所有できるわけではないですから、図書館を利用しないわけにはいきません。

住んでいるところのすぐ近くに図書館があったので一時期よく通っていました。蔵書数は当然個人では持てないほど多いものの、私の関心があったり必要だったりする本が必ずしも揃っているわけではありません。それでも、ずいぶん前に出版され、今では簡単には手に入らない本があるのでよく借りに行きました。

問題がいくつかありました。返却期限が決まっていることが一つです。借りてもすぐにその本を読めるとは限らないので、たちまち返す日になるのです。また、何冊も借りられるとなると、何度も足を運びたくはないと思いあまり深く考えずに借りてしまい、借りたけれども期限内に読めないということが起こるのです。

もう一つの問題は、人に本を貸した時と同じような問題が起こりました。必要な時に手元にないということです。夜中に必要になる時があります。次の日まで待てばいいようなものですが待てないのです。

本を読む時の真剣さということでいえば、自分で苦労して買った本の方が読めるように思います。私は、新刊書を読みたい人が図書館に本をリクエストし、図書館が新刊書店のように新しい本を揃えるというのは図書館の本来の役割ではないと考えています。毎日、たくさんの本が出版されますが、多くの本がすぐに書店の棚から消え、それどころか最初から並ぶことすらありません。価値のある本でも売れなければ絶版になります。そのような本こそ、図書館は揃えるべきなのです。

ただ、本が本当に高いのかということになると高いといい切れないと思います。

本を作ったり、売ったりする側のことは今は考えないとしても、一冊の本が人生を変えることもありえますし、今なら情報を収集する時にインターネットを使う方が圧倒的に多く簡単かもしれませんが、必要な知識や情報を本から得られるとすれば本を買う価値は十分あるはずなのです。

本は高いという人でも、服なら高くても買うでしょう。見えないものの価値判断は難しいのです。

高校生の時は自宅から一時間半ほどかけて通学していました。毎日七時間授業だったこともあって、書店に行く機会はほとんどなかったので、学校の図書館で本をよく借りました。

図書館には自分では買えない本がたくさん入っていてありがたかったです。仏教系の高校だったので、図書館には仏教の本がたくさん入っていました。今から思えば、とんでもない背伸びをしていたとしか思えないのですが、親鸞の『教行信証』を読もうと思い立ったことがあります。借りても当然多くは読み進めることはできないので、返却日になってもほとんど読めていませんでした。そこで、一度返さなければなりませんでした。そして、しばらく時を置いてまた借りるということを繰り返しました。

次回借りるまでに別の人がその本を借りていました。当時は本の後ろにある貸出表に名前を書くというシステムになっていたので、それを見れば誰が借りたかがわかりました。驚いたことに古文の先生でした。おそらく、先生の方が私の名前を見て呆れていたのではないかと思います。

ラッセルの『西洋哲学史』を読んだことは先に書きましたが、この本を読んだ後でさらに何かを英語の本を読みたくなり、今度は図書館の司書の先生に相談したところ、エーリッヒ・フロムの（ドイツの社会心理学者、一九〇〇－一九八〇）“Escape from Freedom”（『自由からの逃走』）を薦められました。

後に本を書くようになってから、私はフロムの本から引用するほど強い影響を受けたのですが、始まりは高校生の時でした。

その本を私は借りたのではなく、司書の先生からもらいました。なぜくださったのかは覚えていませんが、書き込みもあるその本を今も持っています。

先生は私が高校を卒業して間もなく病気で亡くなったと聞きました。図書館には頻繁に出入りし、先生とも本のことなどで話すことがあったので、フロムの本を読むといつも高校の図書館のことを思い出します。

高校を卒業してから〝浪人〟生活を送っていたことがあります。予備校にも行かず、家で勉強をしていましたが、なかなか勉強のペースをつかめず、図書館によく行って勉強しました。

今は図書館は本を借りて読むところなので勉強してはいけないなどとうるさくいうところがあってがっかりしますが、当時はそんなうるさいことをいわれることはありませんでした。

浪人中に図書館に通おうと思ったのは、中学生だったか高校生だったかに時々図書館に行くと、いつも勉強しにきていた人のことを思い出したからでした。開館から閉館までずっと勉強していたその人は、時折紙袋に入った果物を取り出して食べていました。風の噂に、この人が三浪の末、京大の法学部に入ったということを聞きました。後にギリシア哲学を学ぶようになると、自分では買えない本が必要になり、図書館をよく利用しました。

京都大学の文学部の図書館には膨大な蔵書がありました。「本は元の場所に戻してください。さもなければ永遠に発見されなくなります」という紙が貼ってあったのを覚えています。数十万冊（もっと多かったのかもしれません）の蔵書があれば、そういうこともあるだろうと思いました。自分の部屋にある本ですら行方不明になるのですから。

書庫の中にいると時の経つのを忘れてしまいました。驚いたのは、どの本も、必ず読んだ跡があったことでした。購入したまま一度も開かれない本はなかったのです。栞《しおり》に使った葉書が挟まった本を見つけたことがあります。それに古い消印が押してありました。その葉書を書いた人は今も存命なのだろうか、学徒動員で戦争に駆り出されたのではないかと想像したものです。

本を買ってほしいとはいえなかった

修学旅行に行った時、小遣いを持っていっていいことになっていました。私はお土産を買わないで帰ってから岩波の英和大辞典を買いました。

今から思えば勉強に必要だといえば、親はおそらく喜んで買ってくれたと思うのですが、なぜか買ってほしいとはいえなかったのです。

辞書だけでなく本も親に買ってもらった覚えがありません。覚えがないといっても、実際には子どもの頃、本を親が買ってくれなかったはずはありませんが、親が次々に私に本を買い与えるというようなことはなかったのはたしかです。もしも読みたい本があれば何でも親にいえば買ってもらえるという環境では、本を好きになれなかったのかもしれません。

この修学旅行の小遣いで買った英和辞典ですが、他にもたくさん英和辞典はあったはずなのに、どうして岩波の辞典を買ったのかは今となってはわかりません。

中学生の時は母がいいと薦めてくれたコンサイス英和辞典を愛用していました。今から思えば、母は大きな辞書を使うほど英語を勉強しなかったのかもしれません。

この小さな辞書だけでは英語を学べないことを知るまでにはそれほど時間はかかりませんでした。今になって思えば、学校の先生からは学習用の辞典を買うことを薦められていたはずなのに、あえてそれを買わずにコンサイス英和辞典という本来学習用ではない辞書を使っていたのでした。学習用の辞典であれば、例文がたくさん載っているので、どう使うかがわかり勉強になるのですが、コンサイス英和辞典は文法の説明も例文もほとんどありませんでした。

その辞典は散々使い込んだので革製の表紙が柔らかくなり紙の端が折れ広がってしまっていました。私の辞書がそんなふうになったのは、何度も何度も引いたからなのですが、私の辞書を見た同級生が自分の辞書を私の辞書と同じようにするために、わざわざ紙をくしゃくしゃにして広げるということをするようになりました。

そういうのを見た途端に、小さな辞書にはあまり愛着がなくなったような気がします。もちろん大きな辞書を買ったらそれを学校に持って行くことはできないので、引き続き大きな辞書ではなく小さな辞書を学校に持って行ったはずなのですが、大きな辞書を使うということは同級生と比べて、私が一歩先に進んでいるということをどこか誇示したいような気持ちがあったのかもしれません。

ともあれ、私はそのように苦労して（といっても親にもらったお金をお土産に当てないで辞書を買うために流用しただけなのですが）手に入れた辞書なので、大切に使うことになりました。

書店論

田舎に住んでいたので、インターネットなどなかった頃は必要な本を買うのは大変でした。地元に書店があるのとないのでは、文化的に大きな差がつくだろうと思いました。

高校は京都市内にありましたから大きな書店に行くことはできましたが、毎日七時間授業がありましたから、授業が終わってから書店に行く機会はほとんどありませんでした。

今はインターネットの書店で本を買えますから、田舎に住んでいても大都会に住んでいるのと変わりはなくなりましたが、実際に本を手に取ってみなければ買うか買うまいか判断することが難しいことがあります。本についての詳細な説明はインターネット書店にも載っていますが、それだけでは判断できないことが多いです。

専門的知識を持った書店員に本について質問できたり、何かのテーマで本がまとめて置いてあれば、あらかじめ今日はこの本を買おうと思って書店に行った時にでも思いがけない本との出会いはあるでしょう。そのような書店がある限り、今後書店で本を買うことがなくなるということはないと思います。

学生の頃は大谷大学の近くにあった至成堂という洋書専門店によく行っていました。今ならこれもインターネットで、本によっては翌日に届くこともありますが、当時は店に在庫がなければ入荷するまでに何ヵ月もかかることがありました。この書店の人は本当に博識で、いろいろと知恵を貸してもらいました。

この中の一人とはラテン語の市民講座で一緒に勉強したことがありました。週に五回、一月《ひとつき》で文法を学ぶというハードな講座でした。仕事の都合で休んだ時にノートを貸してほしいといわれたことがあって、貸すとお礼にとタキトゥスの『ゲルマニア』をもらいました。これはラテン語原文とドイツ語の対訳になっていました。新本ではなく、その人の本で最後まで読んだ跡がありました。

どの書店にも置かれている本についての専門的な知識がある人がいれば、迷わず書店に行って購入する本について教えてもらおうと思うでしょう。

問題はそれほど大きくない書店では新刊本は置いてありますが、必要な、あるいは読みたい本があるとは限らないことです。大きな書店でも突然スペースが狭くなることがあります。本ではなく、お土産やDVDなども置かれるようになったりすると新刊本や売れ筋の本しか置かれなくなるので、あそこに行けば本が揃っているからと頼りにしていたのでがっかりします。

こんなことがあって、最近は書店に行くことが少なくなりました。一番よく書店に行っていたのは、奈良女子大学でギリシア語を教えていた頃で、大学に行く途中にある豊住書店には本が厳選されているので、毎週、たくさん本を買っていました。非常勤講師のわずかな給料はほとんど本代になったといっても過言ではありません。

『死の島』（講談社文芸文庫）※上下巻セット
福永武彦

二人の愛する女性が心中したとの報せを受けた主人公が広島に駆けつけるという物語を軸に、カタストロフィを経験した時、人はどんな態度決定ができるかを考えさせられます。

「カラマーゾフの兄弟」
（『新潮世界文学15ドストエフスキーⅥ』新潮社）
原 卓也 訳

母の病床で読んだ本。ロシア語で読みたかったのですが、これまで学ぶ機会がなかった言葉なので翻訳を読むしかありませんでした。初めて読んだ原卓也訳が気に入っていて、その後出た訳のものには馴染めない気がします。

『マルテの手記』
リルケ

ドイツ語の中級クラスで読みました。文法もわかり辞書も引け訳せるのに中身が少しもわからないことに驚きました。リルケを理解できる人生経験も知恵もまだ持ってなかったのでしょう。

読書歴Ⅱ

「バビロンの流れのほとりにて」

（『森有正全集1』筑摩書房）

森 有正

パリで客死した森の著作は何度も読みました。マロニエの若木が成長するように、伝馬船がセーヌ川を遡っていくようにゆっくり学ぶことが大切であることを教えられました。

『ある生涯の七つの場所』

（『霧の聖マリ』中央公論社）

辻 邦生

小説を書きたいと思い、この辻の連作短編の中から気に入った表現をカードに写しながら読みました。

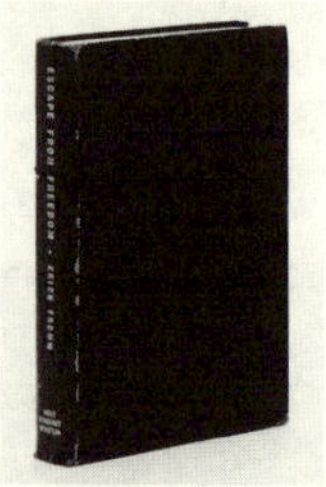

『自由からの逃走』

エーリッヒ・フロム

高校生の時知ったフロムはその後の私に影響を与え、今ももっとも引用する思想家の一人になっています。

第3章

本はどう読めばいいのか

どの本から読むのか、どこから読むのか

本を読み始めたらその本を最後まで読まないといけないと考える人がいます。しかし、読み始めて面白くなければ本を閉じる勇気を持たなければならないと思います。面白くないというのはその本がよくない本だからというわけではなく、多くの場合、今の自分には必要でないからです。そうであれば、本を閉じる勇気がなければ、時間を無駄にすることになります。

ただし、役に立つか立たないかという見極めは難しいのです。古典を読む時には大抵どんな本も今自分が直面している諸問題とはすぐにはつながらないことが多いので、そのことを理由に、この本は役に立たないと安直に決めつけるのは早計でしょう。むしろ、目下の問題意識とズレがある方が、かえって見えてくるものがあることもあります。

また、外国語の本を読んでいる時によくあるのですが、波長が合わないと文字を追っていてもなかなか頭に入ってこないことがあります。ついに最後まで波長が合わないと思うこともないわけではありませんが、最初のページから面白くてたまらないというような本はあまりありません。

外国語で書かれた本であれば、文法の知識や語彙が十分ではないので、読書というよりは解読という方が正しいくらい読むのに時間がかかり、一文一文の意味をとることに注意を奪われ、書かれている内容まで考えが及ばないことはあります。

私が翻訳をしてきたアルフレッド・アドラーの文章はわりあいシンプルなのですが、あまり上手に書いていないので、翻訳をするのでなければ読むのを諦めたかもしれないものもあります。それでも、少し読み進むとあるところからたしかに面白くなります。

私が自分で本を書くようになってこのことには思い当たりました。最初に書いた文章は肩に力が入りすぎるような気がするのです。後から書いたものを読み返すと、無駄に力が入っていたことがわかります。

パソコンを使って書くようになってからは、初めの文章を書くのに無駄に力が入って難儀するということは少なくなりました。というのも、パソコンを使って書く時には最初から順番に書かなくてもいいからです。一番力を抜いて書けるのは「あとがき」なので、まずあとがきから書くこともないわけではありません。

学生の頃は、万年筆を使って論文を書いていたという話をすると若い人は驚くのですが、万年筆で書くことのメリットは簡単には何度も書き直せないので緊張感を持って書けるところにあるといえます。

しかし、パソコンを使って書ける今となっては、書き直しが難しい手書きはもはやできなくなりました。

最近はアウトラインプロセッサと呼ばれるアプリがあるので、文章を直線的に書くことも少なくなりました。どこからでも書きたいところから書き、書いたものを簡単に並べ変えることが可能になったからです。

どんな本も著者が最初から順番に書いているわけではないので、読みやすそうなところから読むのもいいかもしれません。そういう箇所を少し読めば、著者の考えを理解できますから、それからもう一度初めから読んでもいいでしょう。

一冊の本を選択する

キム・ヨンスが「一冊の本を読むということは他のすべての本を読まないということを意味する」といっています（『청춘의 문장들+［青春の文章＋］』）。だから、一冊の本を選択することが重要だというのですが、実際には、この選択は容易ではありま

せん。

その一冊の本が自分の魂を揺さぶり、人生を変えうるような本になるためには、読者側の準備もいります。また、これはいい本だと誰かから薦められても、薦めてくれた人がいいと思ったほどには心が動かされないことはあります。

ですから、あまり「一冊」にこだわらなければいいのです。「『乱読』の弊害などというものはなく、ただ、たのしみがあるのです」と加藤周一はいっています（『読書術』）。とにかく、どんどん読む。つまらなければ途中でやめる。それを繰り返していれば、自分で本を選ぶ力が養われます。

とはいえ、このつまらないというのも自分だけがそう思っているだけかもしれないので、あまり早々に投げ出さない方がいいでしょう。それでも、ただたくさん本を読むだけでは本を選ぶ力はなかなか養われません。私の経験では、初心者用であっても、レベルを落としていないかを基準にすることが多いです。言葉が難しい本も避けていいます。

子どもや学生にとっては、初めは何を選んでいいのかわからないので、課題図書のリストのようなものに頼るということはあるかもしれませんが、そのようなリストに載ってる本は大抵真っ当な本なので、良書かもしれませんが、面白くない本もたくさんあります。面白くない本が駄目だということではありませんが、最初は本を読む面白さを知ることが大切だと思います。後に自分で本の価値を見定めることができるようになればいいので、悪書を子どもに読ませてはいけないなどと親は思わない方がいいと思います。

それにこのようなリストはあくまでも他の人がいいと思う本のリストでしかないのですから、それを頼りに本を読んでみても、少しも面白くないということはよくあることです。

評価と価値というものが違うということも、知っておかなければなりません。これは対人関係についてもいえることです。人からどう評価されようと、自分自身の価値はその評価とは別のものなのです。

同様に本についても、他の人がいいからといっていても、それはその人のその本についての評価でしかないので、その評価と本の価値とは別のものであるというのは当然のことです。

作家を読み尽くす

私は一度この作家の本は面白いと思ったら、その作家が書いたものを次々に読むことがあります。もっともその作家が多作であれば、到底読み尽くすことはできないのですが。

私のところにやってきた長く引きこもっていた若者がポール・オースターが好きで辞書を引きながら読んでいるという話を最初に書きましたが、私はそれまでオースターの本を読んだことがなかったのです。

それで、自分でも読んでみようと思って、読み始めたら面白く、それからもう三十年くらいになりますが、新刊が出るとどんな本なのか気になります。多作なので追いついていませんが。

そのようにして同じ作家が書いた本を長く読み続けていても、不意に関心が失せ、読めなくなることもあります。村上春樹の小説は新刊が出るたびに次々に読んでいましたが、今の現実は過去に支配され変えることができないということが主題であるように思える小説を読んだ頃から、救いを見出すことができず読めなくなりました。

しかし、この人が書いた作品を全部読んでみようと思って読み始めると、秀作かそうでないか、有名な作品かそうでないかというようなことはほとんど気にならなくなります。

発表されなかったものや、書簡や日記まで読むと、残された作品から「人」が見えてきます。そうなると、現実の生活の中で付き合いがある人よりも深く知っているようにも思えますし、事実、そうだと思います。

自分で書いた本についていえば、ずいぶんと長く書いてきたので、自分の考えが大きく変わるということもあります。そうなると、昔出した本はもう読まれたくないものがないわけではありません。

それでも、もしも後世の人が私の本を読み、私が書いたものを断簡零墨《だんかんれいぼく》まで読み尽くすような人がいたとしたら、考えの変化に注目し、私自身も見えていない何かを本の中に見出すことができるかもしれません。

これはという作家をどのようにして見つけるかといえば、私の場合偶然手にすることが多かったのですが、そのようにして読むことになった本から同じ作家の別の本を読むのが自然な流れです。

小学生の時に、『新日本少年少女文学全集』(ポプラ社)を買ってもらったことがありました。親が一体どういう経緯でたくさんの本を一度に買い揃えようと思ったのかは今となってはわからないのですが、誰かから薦められて買ったのかもしれません。

この全集の中には、たしかに面白い本もありました。佐藤春夫（一八九二－一九六四）の『美しい町』は何度も読み返しましたし、大学に入ってから文庫に収められているこの作品を読みました。佐藤の他の作品も読みました。

前にも書きましたが、石川啄木の「一握の砂」や「悲しき玩具」など短歌を初めて読んだのもこの全集でした。夏目漱石の作品も読みましたが、『坊ちゃん』はあまり面白いとは思わず、『二百十日』や『文鳥』などの作品が興味を惹きました。

一度にこんなふうに買い揃えると、本の選択は容易で、気に入った作家を見つけてはその作家の本を次々に読むことができました。

問題は、自分で手に入れる努力をしなくていいので、こんな本もこの人は書いているのかという発見の喜びが少なくなるようにも思います。

親が買ってくれたこの全集には、まったく興味を持てない作品もありました。もちろん、読まないのに、面白いかどうかという判断ができるはずはないのですが、題名を見て、あるいはこの全集には挿絵があったのでそれを見て、面白くないだろうと決めつけていたのかもしれませんし、少し読んでみて面白くないと判断したのかもしれません。

それでも、この全集を買ってもらえてよかったと思うのは、ふりがなが振ってあったり、挿絵が載っていましたが、子ども向けに書き換えた本ではなかったということです。

後に英語など外国語を学ぶことになりましたが、初歩文法を終えた後、まだ出てくる単語をすべて辞書で調べなければならないくらいの力しかない時でも、初学者向けに書き換えたものではない原文を読む時に感じた喜びに近かったのでしょう。本物に触れた思いはたしかにありました。

芋づる式に読む

三木清は大学時代、師である西田幾多郎が書いたものを読むだけでなく、その中に引用されている本をできるだけ自分で読んでみるという勉強をしました。

三木の言葉を引くと、「あの時分の先生の論文の中には実にいろいろな書物が出てくるのであるが、私の哲学勉強もおのずから多方面に亙った。先生は種々の哲学を紹介されたが、ひとたび先生の手で紹介されると、どの本も皆面白そうに思われ、読んでみたい気持を起させた」（「読書遍歴」『読書と人生』）

三木が当時読んだという本を見ると、たしかに多方面にわたっていました。私も後にギリシア哲学を学ぶようになる前は、この三木の言葉に影響されて哲学の本をいろいろと読んでいましたが、ギリシア語を学ぶようになり、読書量が激減しました。辞書を引きながら一字一句をも疎かにしないでテキストを厳密に読んで講読や演習に臨まなければならなくなったからです。

私が修士論文のテーマに選んだのは、プラトンの『法律』という最晩年の対話篇でした。この対話篇にはソクラテスが登場しません。それにもかかわらず、プラトンがソクラテスから学んだ思想が語られていることに私は興味を覚えました。

この『法律』のギリシア語が難しく、たくさんの研究書、注釈書、翻訳を参照しなければならず、そこに引かれている本を読もうとすると、またそれにも注釈がついていて、数ページのテキストを読むのに膨大な時間がかかりました。

このように読書には、芋づる式に読書の幅が広がっていく場合と、深く掘り下げていく場合があることになります。

先に最初にどの本を読むかということについて書きましたが、このような時に、できれば最初の一冊、最初に読むべき本、もっとも信頼できる本はどれかなどを教えてくれる人がいるといいかもしれません。どんな本を読んでも無駄ではありませんが、回り道をしないですみます。

これは本といっても料理の本のことですが、母が亡くなって父と二人暮らしになった時、初めて料理をすることを覚えました。誰かに直接料理の仕方を教えてもらうのではありませんでした。外国語の勉強をする時に教科書を買うように、料理を始めようとした時も、まず本を買おうと思いました。

ところが、誰にも相談しなかったので、とりあえず何冊かの本を買い込んだのですが、その中に男の料理という本があり、そこには食材を手に入れるのが困難で、かつ、時間もかかるレシピばかりが載っていました。これは大きな失敗でした。

難しい本を読む

時に非常に難解な本を読まなければならないことがあります。仕事のために必要があって読む時にこのような本に出会うと、大変でも読まないわけにはいきません。

本来的には、本が難しいことの責任は全面的に著者にあります。

アテナイで青年たちを相手に議論をしていたソクラテスは、特別な言葉を使わず、日常的に使われる普通の言葉で語っていました。ソクラテスにとっては説得力があるとか、美辞麗句で飾られているということは問題になりませんでした。ソクラテスにとっての関心はただ一つ、真実を語るかどうかだけだったのです。

ソクラテスは「自分は何も知らない」といっていました。ところが、デルポイでソクラテスの仲間の一人が、ソクラテスよりも知恵のある者は誰もいないという神託を受けました。しかし、そのことを本当とは思えないソクラテスは、神に反駁《はんばく》するために、知者と呼ばれている人のところをめぐって、自分よりも知識のある者を探そうとしました。一人でも知者がいれば神託が誤っていることを証明できるからです。

しかし、わかったことは、自分は何も知らないことを知っているが、知者と呼ばれている人は、知らないのに知っていると思っている、そして、このわずかなことで自分の方が知があるということでした。

七十歳になって告訴されたソクラテスは、裁判所に行くのは初めてのことでした。裁判の際、ソクラテスは、裁判員にこう語りました。

「今もまたこのことを君たちに要求しても正当だと思う。どうか言葉使いはおそらくは劣っているところも、あるいは優れているところもあるだろうが、そこは大目に見て、私が語ることが、正しいか、そうでないか、まさにそのことだけに注意を向け、よく考えることだ」（『ソクラテスの弁明』）

中身のない空虚なことを美辞麗句で飾って話す人は今日も多いです。ソクラテスは、そのような人に対して、無知であることを容赦することなく思い知らせました。無論、このようなことをされた人は愉快ではなかったでしょう。そのことのゆえにソクラテスは告訴され、ついに死刑になりました。

哲学者・藤澤令夫がこんなことをいっていました。

「ぼくはいつも自分の考えが当たり前だと思えば、もっともっと当たり前にしようと努力して、何度も論文を書き直す」（小池澄夫『以文』「顧影獨盡、忽焉復酔」）

藤澤の書く論文、著書は、専門的なものであっても、少なくとも言葉の難しさはありませんでした。

哲学は一般に難しいとされますが、言葉が難しいからではありません。言葉が難しいと、語られている内容も何か深遠なものに違いないと思うのは、浅はかなのです。

だからせめて著者は、言葉の難しさは最小限にして書くべきです。そのような努力の末、思考は藤澤がいうように「当たり前」の思想として結晶化していきます。哲学書は哲学者の悪戦苦闘のドキュメントであってはならないのです。

藤澤は哲学の学会では、若い研究者の発表の後に、「今の発表の要点を『普通の言葉』で話してくれませんか」といっていました。哲学書には、哲学者に固有の言葉や独自な訳語が使われていることがあって、日本語で書かれたものでも、理解することが容易でないことがあります。

哲学は抽象的といわれるのは、抽象という言葉の意味を知らないからです。哲学は具体的な学問です。具体的ということの意味はあらゆる条件を加味して考えるということです。

他の学問は必要な条件だけを取り出し、他の面を切り捨てて考察します。電線に止まっている五羽のスズメのうち二羽を撃ち落とせば、後に何羽のスズメが残るかという算数の問題では、スズメが猟師の撃った鉄砲の音に驚くという条件は加味されません。

ですから、算数の問題であれば、三羽というのが正解ですが、実際には、後には一羽も残らないのです。哲学はあらゆる条件を加味して考えるという意味で具体的な学問であるというのはこういう意味です。

哲学が具体的に考えることであれば、難しいとは限りませんし、むしろ、わかりやすいともいえます。抽象的に、つまり、ある条件を取り出して考えることに慣れているので、あらゆる条件を加味するという哲学の考え方に馴染みがないだけかもしれないのです。

それなのに、哲学は難しいと決めつけ、それどころか難しいことに意味を見出す人はいます。「意味はよくわからなくても、しびれる」とか「癒される」という人がいて驚くことがあります。

もっとも、読者が一読してすぐに理解できることを期待しているのも困ったものです。使われている言葉は難しくなくても、書かれている中身が難しいことはありますし、そもそも答えが出ない問題もあるのです。正解が出ることに慣れていると、答えが出ない問いがあることが理解を超えているということにもなります。

ですから、何度も繰り返し粘り強く読まないとわからないことはたしかにあります。先に書いたように、言葉が難しくなくても扱われている問題は難しいことがあるからです。

インターネット書店には本を読んだ人のレビューが掲載されています。的を射たレビューばかりではありません。「私がわからないので星一つ」というようなレビューを見かけることがあります。当然、自分がわからないからといって、本の評価を低くするのは間違いです。

意味だけを理解しようとしない

難しい（ように見える）本を読む時は、〝コツ〟のようなものがないわけではありません。一体、この著者は何を考えて書いているのかと想像しながら読むのです。

三木清の『人生論ノート』を読んだ時、本当にわからなくて困りました。ある時、ふと思いついたのは、三木はあえてすぐには意味をとれないような表現をしているのではないかということでした。

戦争中ははっきりとわかる表現であれば検閲に引っかかったのです。検閲に引っかからないためには、一読してすぐにわかるようであってはいけなかったのです。

ギリシア哲学の碩学《せきがく》、田中美知太郎（一九〇二－一九八五）は一九四三年、岩波書店の薄暗い廊下で、『思想』に掲載される論文「イデア」の校正刷を見ながら、迷っていました。

田中はこの論文の中で、この世のあらゆるものは決してイデアと見なされてはならず、現実とイデアを峻別《しゅんべつ》する必要を説きました。

その関連で、田中は君主を神とすることに批判的な言葉を論文の中で書いていました。これを削除すべきか否か、何度も読み直し筆を加えもしましたが、この文で罪を問われることになっても仕方がないことだと、ついにそのまま出す決心をしました。田中はこう述懐しています。

「今から考えれば、このようなむずかしい論文が直接検閲にひっかかるようなことはあり得なかったわけだが、当時の切迫した精神的雰囲気のなかでは、誰かほかの人が告発しないとは限らなかった」（田中美知太郎『時代と私』）。

田中が怖れたように、論文に不敬の意図を読み取るということは、検閲者がよほどギリシア哲学に通じた人でなければできなかったでしょう。

しかし、二年前に田中が書いた「サルディス陥落」は「日米戦争当初の赫々《かっかく》たる戦果を皮肉るような意味になりそうだというので」（前掲書）、出版社が自主検閲をして掲載が中止になっている。そんな時代だったのです。

三木清とも親交のあった田中の話を知って、三木も同じだったのだろうと思いました。つまり、明々白々に書いてしまうと、検閲に引っかかる恐れがあったのです。

三木は次のようにいっています。

「アウグスティヌスは、植物は人間から見られることを求めており、見られることがそれにとって救済であるといったが、表現することは物を救うことであり、物を救うことによって自己を救うことである」（『人生論ノート』）

植物が人間から見られることを求めているかはわかりませんが、私は人知れず咲いている花を見ると、それを見られたことを嬉しく思います。

三木がここで植物といっているのは、物をいわない、あるいはいえない人の喩《たと》えです。そのような人の声を表現することが、その人を、そして自分自身を救済することになると三木はいうのです。

三木が戦争中、直接に書けなかったこと、また敗戦後すぐに釈放されず誰にも看取られることなく獄死し、もはや言葉を発することができない三木が一体何をいおうとしたかを読み取ることが、私たちに委ねられているのです。三木に限らなければならないわけではないことはいうまでもありません。

また、直接あるいは表面的に読み取れることではなく、言葉の裏に隠された意味があるのではないだろうかと思って読み進めると見えてくるものがありました。

さらには、難しい本は理論しか書いてありません。これは日常生活の場面ではどういうことなのだろうかと考えながら読むと、意味がわかってくることがあります。書かれている言葉の意味だけを理解しようとすると、皆目見当もつかない時でも、具体的に考えてみることが必要です。

しかし、あえてはっきりと書かなかったというようなことではなく、本当に理解できないことが書いてあることはあります。

高校生の頃に西田幾多郎の『善の研究』など日本の哲学者の書いたものを読もうとしたことがありましたが、よくわかりませんでした。それなのに、よく理解できるという人もいましたから、よほど自分の頭が悪いのかと思ったりしたこともありましたが、私の側の問題だけではなかったようです。

例えば、見たものがそのまま真実ではないと書いてあると、これはわかります。同じものでも見る人によっては違うものを見ていることはありえます。西田幾多郎は、構成（という言葉を使うのですが）以前の純粋経験、あるいは直接経験を想定します。

美しい音楽を聴いている時、聴いている私と音楽は一体となっているのに、ふと我に返った時に、私が音楽を聴いていることに気づきます。

そのように気づく以前の経験を純粋経験とか直接経験といいます。ここまではわかります。しかし、そのような直接経験の世界が「言うまでもなく、我々の言語思慮を超越したものでなければならぬ」（西田幾多郎『種々の世界』）、さらにそれは「我々の思惟の範疇を超越している」（前掲書）と書いてあるとわからなくなります。直接が超越であるはずはないからです。

納得のいく説明をする人もあるでしょうが、ともあれ、こういう文章があった時に、何となくわかったように思って読み進めてはいけないのです。

高校生の時の背伸びから抜け出た私は後にギリシア哲学を学び始めました。哲学は言葉も概念もギリシアのものなのだから、ギリシア哲学を学び始めないといつまで経ってもあてずっぽうの議論しかできないという先生方の勧めによるものでした。たしかにプラトンの対話篇を読むと、飛躍がなく、仮にソクラテスが難しいことをいっても、ソクラテスと対話をしている相手が「よくわからないので、もう一度説明してください」などといっていて、哲学というのは本来一方通行ではなく、対話をすることで語られたことが正しいかどうかを吟味していくことであると知り、難しい哲学者も面白いと思えるようになりました。

小説から何を学ぶか

私はあまり小説を読んでこなかったのですが、小説は何かのテーマについて具体的に扱われていて、学びも深いものが多いように思います。哲学と小説が対置されるのではなく、先に見たように、哲学も特定の条件を引き出すのではなくあらゆる条件を加味して考えるという意味で具体的な学問なので、むしろ目指すものは非常に近いと私は考えています。

あるいは互いに補うものといえるかもしれません。哲学は本来的に具体的な学問ですが、哲学書に小説に書かれているような物語が書いてあるわけではありません。しかし、本に書かれていることを理解しようと思えば、自分自身の人生、自分を取り巻く対人関係に引きつけて考えなければ、理論だけを理解しようと思ってもできないのです。

小説を読めば自分の体験だけでは学べない人生を知ることができます。小説を読むことで知ることができる他者の人生経験を、哲学の本を読む時に念頭に置いて読むと理解が深まります。

他方、小説も物語だけではありませんし、作品によってはストーリーといえるものはほとんどなく、登場人物が自分の思いを語ることに終始するものもあります。

小説も作家の思想（哲学といってもいいでしょう）が基礎にあればこそ、ストーリーがリアルに感じられるのだと思います。

『マチネの終わりに』の著者、平野啓一郎さんと対談した時に聞いた次のような話が印象的でした。過去がこうだったから今の自分がこうだと考え始めると因果関係の牢獄から向け出せなくなるが、小説は終わったといいたいがために無理やり過去に原因を見出しているように見える人たちに反発したくて、近代文学を勉強し直した。その時にアドラーの著作を読んで視野が開けたというのです。

平野さんには『私とは何か　「個人」から「分人」へ』という著書がありますが、私も哲学を基礎とした小説を書いてみたいと考えています。

新書はどう活用するか

私の本棚にはたくさん新書が並んでいます。何かについて知りたいと思った時、入門書としてまず新書を読むことが多いからです。

何冊か新書を読むと、それまで知らなかった分野のことについてもおおよその見当がつくようになります。さらに詳しく学ぼうと思えば、次に読むべき本が紹介されていることもあります。

『プラトンの哲学』(岩波新書)という新書があります。これは何度か引いたギリシア哲学の藤澤令夫の著したものですが、専門家の新書へのスタンスが著者によって語られていて私には興味深いのです。

プラトンについては古来多くの本が書かれていて、正反対の解釈がされる作品もたくさんあります。研究者はそういう状況を踏まえて、たとえ入門書といえども自分自身の解釈を書かないわけにはいきませんが、新書判のスペースでは、ギリシア語原文の読みの確定や諸解釈の入念な吟味検討を省かなければならず、藤澤は新書の形でプラトン哲学を提示することは、長年かかって育ててきたものを「護衛をつけずに素手丸腰で送り出すような気がしてしまう」といっています。

すべての新書がこのような思いで書かれているのではないかもしれませんが、信頼できる新書であれば、専門書への導入というより、それ自体がコンパクトにまとめられた一冊であり、その新書を読むために専門書を読まなければならないといった現象が起こります。

『プラトンの哲学』の場合は、プラトン自身が書いた対話篇を読まなければ、この本を理解できないといっていいくらいです。

もちろん、そう考えてプラトンに直接触れることになれば、しっかり入門書として成功しているといえます。

電子書籍の利点と欠点

最近は電子書籍を読むことが多くなりました。電子書籍は置き場がいらないのでありがたいのですが、私にとって問題は、買ったことを忘れてしまうということです。目に見えるところに本がないと、買ったことを忘れることがあるのです。

その意味では、紙の本を手近なところ、目に見えるところに置いておくことには意味があります。

もっともそうしたくても本を置く場所がないこともあります。私は本棚の前列だけでなく後列にも、さらにその後ろにまで本を置きます。そうなると、見えない本はたちまちその存在を忘れてしまうことになります。

私は紙の本か電子書籍かどちらがいいかというようなことを考えることは最近はあまりなくなりました。電子書籍を買ったけれども、後になって紙の本がほしくなることがありますし、その逆のこともあります。

海外で出版された本の場合、私の学生の頃は書店にあればすぐに手に入れることができましたが、洋書を扱う書店は多くなかったので、手に入れるのは簡単ではありませんでした。在庫がなければ注文しなければならず、そうなると手に入るまでには数週間から数ヵ月かかりました。その上、本の価格も高かったので、私のように西洋哲学を学んでいると出費はかなりのものになりました。

今はワンクリックで洋書を買うことができますし、すぐに読み始めることができます。もちろん、すべての本が電子書籍になっているわけではありませんが、昔のように手に入れるまでに何ヵ月もかかるというようなことは少なくなりましたから、海外の学者と研究の点で不利なことはなくなってきました。

電子書籍を重宝するのは外に出かける時です。
私は出かける時には何冊も本を鞄に入れます。紙の本はかさばり、重くて持ち歩くのは大変です。持ち運ぶ本を少なくすればいいわけですが、どの本を読みたくなるかわかりません。今日はこの本を読もうと思っていても、他の本を読みたくなるかもしれません。そうなると、出かける時にどの本を持って行こうか迷ってしまい、結局、選ぶことができずその日読むかもしれない本をすべて鞄の中に詰め込むことになってしまいます。

電子書籍であればどの本を読もうと悩まなくていいのでありがたいです。それでも、どんな本も電子書籍で読めるわけではありませんから、紙の本も持ち歩くので鞄の重さは以前とそう変わっていないかもしれません。

私が心筋梗塞で入院した頃はまだ電子書籍というものがなかったので、家からたくさんの本を病室に運び込みましたが、今であれば電子書籍の端末があれば本を持ち込まなくてもよかったはずです。入院が数ヵ月も続くようなら話は別でしょうが、一ヵ月の入院と医師に聞いていたので、それくらいの期間であれば紙の本でなくても我慢できたでしょう。

主治医が私の持ち込んだ本を見て、本のことについて話をしたことを先に書きましたが、電子書籍では私が読んでいる、あるいは、持ち込んだ本が何かがわからないので、医師が私に本について話しかけることはなかったでしょう。

電子書籍の欠点は一覧性に欠けるところです。電子書籍でもまったくできないわけではないのですが、本をパラパラとめくって、読みたいページにたどり着くのは容易ではありません。

分厚い本を読むと次第に残りページ数が少なくなってくることが嬉しくなります。読み終わるのが残念だと思うこともあります。その時には本を支える右手と左手への重みが違ってきます。電子書籍にはその感覚がありません。

もう後少しで読み終わるという快感はありませんし、ページ番号ではなく何パーセントと表示されていても電子書籍では一向に本を読み進んだという感覚を持つことができません。

ついでながら、ページ番号についていえば、今は私は本を引用する時にページ番号を書くことは少なくなりましたが、学術論文であれば何ページから引用したということをはっきりと書かなければなりません。

それなのに、電子書籍の場合はページ番号が書かれている本はほとんどないので、本や論文に引用する時に困ります。そのような時のために、電子書籍で買ったけれども、それとは別に紙の本を持っている人がいます。一冊でいいところを二冊も買わなければならないので経済的ではありません。

このように電子書籍にページ番号がついていなくて、今どのあたりを読んでいるかがわかりにくいというのは、私たちの人生のようだともいえます。

人は生まれてからすぐに自叙伝を書き始めます。この自叙伝は死んだ時に書き終えることになります。大抵、未完に終わります。もともと人生には決められたストーリーなどないので、未完という言葉そのものが本当はおかしいのですが、この自叙伝は電子書籍のようにページ番号が記されておらず、その上、読み進むと新しいページが現れるので今どれくらい読んだともわからないのです。

電子書籍を読む時、表示されているページだけを読んでいるので、過去も未来もなく、今ここしかない人生を生きているようです。

辞書についていえば、最近はすべて電子辞書を使い、紙の辞書は一冊も使っていません。検索は圧倒的に速く、大きな辞書は持ち歩くことができませんが、電子辞書であれば何冊も持ち歩くこともできますし、複数の辞書で同じ言葉を調べることもできます。

装幀のことなどを考えて紙の本に愛着があるという人は多いのですが、辞書に関しては速く引けることが一番重要なので、どうしても紙でなければならないと考える人は少ないように思います。

学生の頃使っていたギリシア語の辞書は百科事典のように大きく重かったので外に持ち運ぶことはできませんでした。ギリシア語で書かれた本を毎日読んでいましたが、辞書が手元にないと読めないのです。

そこで、辞書を外に持ち出せないというわけで大学にやってこない仲間はたくさんいました。今は電子辞書があるのでそのようないい訳は許されないのですが、当時も勉強をサボるために辞書が重いことを講義に出ないことの口実にしていたわけではありません。

思いがけない言葉との出会い

電子辞書のメリットはたくさんありますが、それでも、紙の辞書にもいいところがあります。検索しない言葉にも思いがけず出会い（という感じです）、その意味を知り覚えることができるということです。電子辞書であれば検索した言葉しか出てきませんが、紙の辞書であれば、目指す言葉の近辺にある言葉も目にするからです。人工知能を使って、関連語まで表示するような辞書もできるかもしれませんが、今は紙の辞書であれば引いた言葉以外の言葉も目にすることがありますから、思いがけない言葉との出会いがあります。

紙の本が検索が遅いかというとそうでもなくて、普通の本もそうですが、慣れると一回で目指す単語のページを出すことができるようになります。ただし、紙の辞書を使っていた時はそうすることができたということであり、今同じことができるかはわかりません。

紙の辞書は使い込むと勉強したと思えますが、電子辞書はいつまでも新しくそのような感覚を持つことはできません。

もっとも、勉強したと「思える」とか他の人に勉強しているように「見える」というようなことは勉強にとっては何の意味もありません。本当に勉強して学ぶことが大切です。

百科事典を「読む」

辞書のことを書いていたら中学生の頃、百科事典が毎月届き熱心に読んでいたことを思い出しました。事典であれ辞書であれ引くものだと普通は思われていますが、読むとなかなか面白いです。

私は毎月、百科事典が届くたびに最初のページから読みました。読んだといっても眼を通すだけだったのかもしれませんが、最後まで眼を通した頃に新しい巻が届きました。

今はあの頃と違って、百科事典も電子書籍で読む人が多いように思います。もちろん、それはそれで便利なのですが、先に紙の辞書について見たように、関係のない項目も目に触れることになりますし、そのことで思いがけずそれまで知らなかった分野に関心を向けるようになることもあります。

とはいえ、紙の百科事典は重く、引くことはしても、百科事典を読もうという気にはなりませんでした。必要な情報を断片的に読みましたが、それでも毎月配本されたので、本を買った時とよく似た感覚はありました。

辞書も事典も「読む」時は本の方がいいように思います。検索の時は電子書籍が便利ですが。学生の頃、先生が「私は一日に一回は必ず広辞苑を引く」といっていました。そんなことはなかなかできないことだと思ったものですが、「引く」なら一瞬ですから一日に数え切れないほど何度も引いています。一日、一回広辞苑を「読む」というのであれば、今でもなかなかできないことだと思います。

八年かける遅読

遅読といえば、大学時代、プラトンの『法律』を読書会で八年間もかけて読んだことがあります。これはプラトンの最晩年の未完の大作です。翻訳は岩波文庫で二冊ですからかなり大部なものですが、この読書会ではギリシア語で読みました。毎回三ページずつ読みます。

私は、この読書会で『法律』の他にプラトンの『書簡集』『パイドロス』『パイドン』を一九七八年から一九八九年まで読みました。私は途中から参加しましたが、この会はもっと前からありました。

毎週一回ですが、夏と冬にはありません。読書会は関西医科大学の森進一（一九二二―二〇〇五）先生の自宅で行われていたのですが、作家でもある先生は、長期の休みには山にこもって小説を書いていて、その間は読書会は開かれなかったのです。

三ページを読むために多くの注釈書や翻訳を参照しないといけないので、毎回、予習にはかなりの時間がかかりました。私自身は将来的に大学院に進学するつもりでいましたから、受験勉強にもなったわけですが、その読書会には京都大学の大学院生や、哲学を専攻する人だけでなく、医学生や医師も参加していました。本来の医学の勉強や医師としての激務の傍らギリシア語のテキストを読む準備をするのは大変なことだっただろうと思います。

医学生の場合は、余分な勉強のために肝心の医師の国家試験に落ちでもしたら、と心配する父兄が、「余分な勉強」をやめるようにいってほしいと希望することもあったそうです。国家試験を受ける医学生は一体何歳なのか、親が口をはさむことではないだろうと思ったのですが、親はいつの時代も子どもの人生に干渉してくるものです。

同じような問題は、ソクラテスの時代からありました。世に出ようとした若者たちは専門の知識を求め、それを習得するためにソフィスト（職業教師）について学びました。親は子どもに立身出世の免許状をとらせるためには金を惜しまなかったのです。

そんな中、「余分な勉強」（哲学）を勧めるソクラテスは、青年たちに悪影響を及ぼすとしか見えませんでした。ソクラテスは、青年に害悪を与えた廉《かど》で訴えられ、死刑になりました。

今日では、専門を超えて人間としての成長を心がけ、そのために「余分な勉強」をすることを学生自身が拒否しているように見えます。国家試験に関係ないと見るや、私の講義を聴かない学生がいました。目の前で看護の教科書を開いたり、過去問題集を一生懸命解いているのです。

私は森先生からギリシア哲学を学ぶべきだと諭され、それまで独学していたギリシア語を一から学び直すことにしました。まだまだ力がなかったので、読書会で「プラトンのこのテキストは読めない」という議論を皆がしているのを見て本当に驚きました。

当然、読めるはずだと思って時間をかけて読書会に臨むと、テキストにあるこのギリシア語は読めないというような議論がされていて、あまりの力の差に愕然《がくぜん》とする思いでした。

読めないことがわかるためには、読めることが前提です。私のような初学者であれば、ただ力がないので読めないので、テキストが不備で読めないという判断はできないわけです。

ともあれ、外国語の本に限らず、どんな本を読む時にもわかっていないのではないかと思いながら読むことは大切です。

哲学を専攻する人も多かったですが、テキストを一字一句正確に読むことを目標にしていましたから、ギリシア語についての議論は多かったですが、書かれていることについて皆で議論することはほとんどありませんでした。おそらくそのような議論をするには、テキストそのものを読むことにあまりにエネルギーを費やしすぎていたのかもしれません。

先生や読書会に参加するメンバーと読書会を通じて親しくなりましたが、読書会以外の日に会うことなどはありませんでした。年始には挨拶に行く人もいたようですが、私はそこまでして親しくなろうという気持ちにはなりませんでした。

当時、先生や他の参加メンバーと親しくなることは私にとってはそれほど重要なことではなく、今から思えば、勉強をしに行っているという思いが先行していたように思います。

読書会

読書会に参加するに当たって、ギリシア哲学を学ぶことを先生に勧められました。先にも書いたように、哲学は言葉も概念もギリシアのものなので、ギリシア哲学を学ばないといつまでもあてずっぽうの議論しかできないというようなことをいわれたのです。

先生の家で開かれていた読書会には上のクラスと下のクラスがありました。上のクラスは二階にある先生の書斎で、下のクラスは一階のダイニングで本を読みました。下のクラスは先生が直接指導するわけではありませんでした。

私はといえば、ギリシア哲学を学ぶ決心をしたので、一日も早く上のクラスに入りたいと思いましたが、もちろん、すぐにはギリシア語の力がつかなかったので、もう何年もギリシア語を学んでいる人ばかりの上のクラスに入るほどの力がない私が下のクラスで学ぶことは当然のことだったのです。

やがて力がついても、大学なら上のクラスに入ってもいいが、何年も下のクラスで勉強している人もいるので、すぐに上のクラスには入れないという説明を先生から受け、なかなか難しい問題があるものだと驚きました。そんなことも、あまり個人的に親しくなろうとは思わなかった理由かもしれません。

それでも、一九八九年の十二月に長く続いたプラトン読書会を閉じた記念に、皆で倉敷に一泊旅行に出かけた時のことは今も楽しく思い出されます。倉敷の料理旅館で晩餐会を開き、その夜は倉敷国際ホテルに泊まりました。晩餐会が始まる前に、このホテルに据えてあったワープロの専用機（パソコンではありません）を使って読書会についての短文を書き、先生に渡しました。作家でもあった先生に思いがけず、「こういうのはなかなかいいね」といってもらえて驚いたことをついこの間のことのように覚えています。

大学院を終えると、奈良女子大学でギリシア語を教えることになりました。四月にα、β、γから学び始める学生が秋には『ソクラテスの弁明』を読めるようになりました。

この時も私が参加していた読書会と同様、毎回わずかなページを読み進め、文法の説明はもとより内容についても学生たちと議論することがありました。

私にとって遅読というのは読書会や大学の講義でテキストを長い時間かけて読むことでした。外国語の学び方については後で書きますが、外国語で読むということはゆっくりしか読めないものです。

外国語でも速読がいいという人もいますが、ゆっくり読まないと力はつきませんし、著者が時間をかけて書いたものを速く読んでもあまり意味がないように思います。

この『ソクラテスの弁明』は文法の勉強を終えると、毎年続きを読むことにしていました。最初から読むのではないということです。この分だと読み終わるのに何十年もかかることになるだろうと思っていたのですが、十三年経った時、突如としてギリシア語の講義が閉講になりました。受講生が少ないからというのがその理由でした。

受講生が少ないのは当然で、ギリシア語の講義に何十人もの学生がくるはずもありません。ヨーロッパの思想や文化を学ぶためには古典語の知識は必須ですし、英語を学ぶ時でもギリシア語やラテン語の知識があって初めて語源もわかり、深い理解に到達できるはずです。

奈良女からギリシア語がなくなるのは奈良女の恥であると力説した先生もかつてはおられたのですが、そんな先生方も退官していき、残った若い先生方は古典語が読めず、したがって、古典語を学ぶ意味や必要が理解できなくなっていました。

今の世の中は、何でも経済効果、対費用効果などといって、役に立つものとそうでないものを峻別しようとしますが、このような弊害が学問の世界にまで及んできていたわけです。大学が古典語を学ぶ機会をなくしてどうするのか。沸々と私の中で湧いた怒りはなかなか鎮まることはありませんでした。

「今あなた方がしようとしてることは、やがて自分の首を絞めることになる」

そういい残して大学を去ったのですが、その後文学部が大学から消えてしまうような時代になってきたのです。大学は実用的なことを学ぶところではありません。役に立たない文化系の学問など必要でないと考える無知な政治家のために学問の自由が脅かされています。

若い人に返す

この読書会で森先生は参加者から謝礼を取っていませんでした。父に「ギリシア語を教えてもらえることになった」と話したところ、「月謝はいくらだ」と父は私にたずねました。「聞いてないけど、たぶん取っておられないと思う」と答えたら「世の中にそんな甘い話があるはずはない。今すぐ電話をして聞け」と叱られました。

父のみならず、私もまた何の見返りも求めず、ただ与えてくれる人がいることは驚きだったので、電話をして先生に謝礼のことについてたずねました。先生の答えは次のようなものでした。

「今後もしも君より後進の人でギリシア語を学びたいという人がいれば、今度はその人に君が教えればいいのだ」

師から受けたものを師に返すことはできません。同じように、子どもは親から受けたものを親に返すことはできません。これまで多くの人から受けてきたものを、親ではなく自分の子どもに、次代を担う若い人に、あるいは社会に返していくしかないのです。

後に大学でギリシア語を教えるようになった時、個人的にギリシア語やラテン語、また他の言語を教えていた時にこの先生の言葉を思い出しました。

速読してみても

速読をする人は、著者がどれだけ時間をかけて本を書いたか知らないのでしょう。また、ただ知識や情報を提供するためだけではない本があるということを知らないのです。そのような本ももちろん必要ですが、それがすべてではありません。

いつか友人の一人が本はいつも速読しているというので、それならと私が書いた本を手渡すと、あっという間に読み終えました。

そこで、私は彼が本当に本を読んで内容を理解しているのか知りたいと思っていくつか質問をしてみましたが、まったく理解していないことがわかりました。章の最初に結論が書いてあって、その後はそれの例証が書いてあるという構成の本であれば、そこだけ読むことで速読することはできるのでしょうが、すべての本がそんなふうに書いてあるわけではありません。

結論だけを理解してもあまり意味がありません。英語には「長い話を短くすれば」という表現がありますが、長い話は短い話にしなかった必然性があったはずなのです。本を書くためには膨大な時間がかかります。それほど長い時間をかけて書かれた本を速読してみたところであまり意味がありません。目的地に着くためだけであれば新幹線や飛行機を利用すればいいのですが、途中の景色を楽しもうと思うのであれば、新幹線や飛行機はあまりに速すぎると思います。自転車でも景色を楽しめないといっていいくらいです。歩いてこそ、見えてくるものがあります。

読書についても同じことがいえます。読書は生きることと同じであって、目的地に着くことが目的ではありません。生きることの目的地が死であるなら、いち早く死ねばいいかというと、もちろんそんなことはありません。どこにも到着しなくていいのです。途中で休むこともできますし、途中でその旅をやめることも可能です。

とにかく、過程を楽しまなければ読書は意味がありません。

翻訳をするように読む

自分で翻訳をする人は多くはないでしょうが、翻訳は時間をかけて原文を読む究極の遅読、熟読だといえます。

キム・ヨンスが翻訳はもっとも深層的な読書だといっています（『청춘의 문장들＋［青春の文章＋］』）。一体、なぜここでこの人はこんな行動をするのか、なぜこのようなことを描写するのかという問いを常に投げかけなければなりません。

このような問いには正解というようなものはありませんが、キム・ヨンスは次のようにいっています。

「反復して質問を投げかけてみれば、ある悟りを得られます。そのような仕方で、隠れた意味がわかるようになります」

私自身もプラトンやアドラーなどの翻訳をしてきましたが、読むのと翻訳をするのでは読み方の密度が違います。読む時も熟読する時は、言葉のすべてに十全な注意を払っているつもりですが、翻訳するとなると完全に理解できていなければ駄目なのです。

著者の考えを完全に理解できることなど不可能なので、翻訳を始めた最初の頃はもう無理だと思って投げ出したくなります。それでも、何ヵ月も何年も著者と付き合っていくと少しずつわかってきます。物いわぬ著者との対話もします。翻訳でなくても、このような読み方をするのでなければ、著者の意図はまったく読み取れないことになります。

最初はトレーニングがいるかもしれません。私の場合、小学生の時に解釈をすることを教わったことがあります。

朝、小学校へ行くと、黒板に詩が書いてありました。担任の先生の自作の詩か、誰か他の人の作品でした。一限目の授業はその詩の感想を述べることでした。「よかった」というだけでは駄目でした。「証拠」（これが先生の口癖でした）をあげるようにいわれました。

たしかに感動したことに根拠を与えることは大事なことではあると思いますが、今になって思うと、ただ感動するということがあってもいいのではないかとも思います。どの箇所になぜ感動したかを発表することは、感想を述べるというよりは評論の域に達することなので小学生にはあまりに難しい課題だったと今は思います。

今、思い出すのは宮沢賢治の「雨ニモマケズ」を読んだ時のこと。この詩には最後まで主語がありません。最後、

「サウイフモノニ
ワタシハナリタイ」

という言葉で終わっているので、宮沢賢治がこの前に書かれているような立派な人であるということではない、そういうものになりたいといっているということは実際には今はそうではないということなのだろう。そんなことを皆で話し合いました。

私は、

「南ニ死ニサウナ人アレバ
行ッテコハガラナクテモイ、トイヒ」

が印象的でしたが、なぜそうかとたずねられてもうまく答えることはできませんで

した。私は小学校三年生の時に祖母と祖父と弟を立て続けに亡くしました。哲学を勉強しようとしたのは、この時、死がひどく怖かったので、死について知りたいと思ったのがきっかけでした。もちろん、この頃に哲学という学問があることを私は知らなかったのですが、賢治の詩のこの一節を読んだ時、私も死の真近にいる人のところに行って「怖がらなくてもいい」といえるような人になれたらと思いました。

音読＝ゆっくり読む

音読するということはゆっくり読むということです。そのことで普段はともすれば読み飛ばしてしまうようなことにまで注意を向けることができました。街を自動車ではなく、歩いて散策するような感じです。

子どもが生まれると、妻は毎晩寝る前に本の読み聞かせをしていました。私自身が母から本を読んでもらっていたかは覚えていませんが、きっと読んでもらっていたと思います。

病院で母に本を読み聞かせをした時、親子が逆転したようで不思議な気がしました。私は今は韓国語を勉強していますが、先生と一緒に読んでいる本をまず声に出して読み、その後で、日本語に直しています。日本語を声に出して読むことはあまりしたことがないといつも思いながら読んでいます。

速く本を読める人は文字通り黙読しているのですが、声に出さないで読んでいるわけではありません。音読をしてきた人で速く読むのが苦手な人がいますが、声に出していないだけで本を読む時も音読のスピードでしか読んでいないからでしょう。

今はオーディオブックというのがあって、目の不自由な人だけでなく、朝出勤途中で、また家事をしながら聞く人がいます。

耳で聞くと活字で読むのとは違った印象を受けることがあります。

高校の修学旅行に行った時、ガイドさんが吉川英治の『宮本武蔵』を数十ページも暗唱して読み上げるのを聞いて驚いたことがあります。その時私は、本というのは本来耳から聞くものではないかと思いました。実際ギリシアの『イリアス』や『オデュッセイア』は口承で伝えられましたし、『平家物語』も琵琶法師によって語り継がれました。

この時は朗読を聞いたことだけでなく、これだけの量の文章を覚えられるということにも驚いたのでした。試験の前に本の数ページさえ覚えられないのに、人間はこんなことができるのかと驚いたのでした。

先にも書きましたが、私が師事した藤澤令夫が還暦を迎えた時、研究室の皆で何かお祝いをしようということになって、先生が翻訳しているソポクレスの『オイディプス王』の一部を古代ギリシア語で上演しました。

日本語の朗読を聴くだけでも本を読む時とは違った印象を受けるでしょうが、この時は古代ギリシア語での上演でしたから、日頃勉強をしているギリシア語の響きに圧倒されました。

速読が必要なこともある

速読をしてもいい、あるいはしなければならない時もあります。それは時間をかけて読む必要がない場合です。どんな本も必ずゆっくり読まなければならないわけではありません。

雑誌の場合、自分が好きなことについて書いたものであれば丹念に読みますが、必要な情報をピックアップするためには拾い読みをしてじっくり読むことはないでしょうし、新聞もまた必要な記事を速く読むことが必要です。

もちろん、雑誌も新聞も時間をかけて端から端まで丹念にじっくり読むことはできます。図書館に行けば、何種類もの雑誌や新聞を読むことができます。

私も朝食後にゆっくり新聞を読んでいたことがありました。しかし、あまりに新聞を読むのに時間をかけすぎていることにある時気づき、仕事に取りかかる前に新聞を読むのをやめたことがあります。

私の場合は午前中と深夜が仕事に向いているので、一番冴えている朝食後の数時間を情報を得るために新聞を読むことはやめようと思ったのです。

今はネットで新聞を読めるので、更新される記事を朝に限らず一日中読むことができますが、若い頃は新聞が配達される早朝まで仕事をしていたので、ポストに新聞が放り込まれる音がするとすぐに新聞を取りに行って読んだものです。

ざっと新聞に目を通したところで眠くなるのですが、一番疲れぼんやりしたところで新聞を読んでいたわけです。

個人では複数の新聞を購読することは実際には難しいでしょうが、読み比べることは絶対に必要です。一つの新聞だけでは今世界で起こっていることを把握することはできません。記事にするかしないか、どんな解釈をするかは新聞によって大きく違います。

さらに、国内の新聞だけではなく、海外の新聞にまで目を通すと、この国で起こっていることがローカルニュースとしか扱われていないことに気づきます。世の中の動きを大局的に理解するためには、可能なら海外の新聞にも目を通す必要があります。今は新聞に限らず、メディアがたとえ事実を歪曲《わいきょく》したり隠蔽《いんぺい》するようなことがあっても、インターネットが遮断されない限り、政府が隠すことはできません。戦争中、英語を知っていた人は短波放送で世界の情勢を把握し、戦局が不利になっていて、程なく負けることを知っていました。

読書全般についていえることですが、鵜呑みにするのではなく、自分で考える力をつけていかなければなりません。新聞の場合、たくさん読むのが望ましいですが、わずかな情報からでも、的確な判断ができなければなりません。

本は同時に何冊も読む

私の場合は絶えず複数の本を読んでいます。多い時には同時に十冊ぐらいは読んでいます。同時にたくさんの本を読んだからといって混乱するわけではなく、むしろ一冊だけを読んでいると気力が続かなくなることがありますが、そんな時は読んでいる本を閉じて、別の本を読むと気持ちが変わり読み続けることができます。

もちろん、本を読むのに根気がいると考えるのがおかしいともいえます。教科書を何度も読み込んで勉強するというような時は、疲れたからといって教科書を閉じてしまったら何も身につかないでしょうが、楽しみのための読書であれば疲れたらそこでおしまいということでいいでしょう。その時も同時に何冊も読んでいたら、違う本に簡単に移ることができます。

たくさんの本を同時に読むことは読み続けるために有用でしたが、それだけではなく、専門にとらわれず幅広いジャンルの本を読むと視野が広くなります。

振り返ると、ギリシア哲学を学ぶ前は哲学に限っても、いろいろな時代、国の哲学者の書いた本を手当たり次第に読んでいましたが、それがいつの間にか限られた本しか読めなくなり、論文を書く時も大局を見るというよりは、限られたページに書かれたことを解釈するような論文を書くようになってしまい、私がしたかったのはこんなことではなかったと思うようになりました。

学業を終え、仕事もやめた今は自由に異なるジャンルの本を読んで本を書くようになり、また高校生の頃に戻ったような気がすることがあります。

梅棹忠夫（民俗学者、文化人類学者、一九二〇-二〇一〇）の言葉を借りると、読書には追随的読書、批判的読書、創造的読書があります（『知的生産の技術』）。学生の頃は、追随という言葉は当たっていませんが、厳密にテキストを読むトレーニングを受け、やがて批判的に読むようになりました。

今は本をたくさん読み、著者が何をいっているかを知るためだけに本を読むのではなく、自分で考えるために本を読むことが多くなりました。それをノートや時には本のページの片隅に書き留めるようになりました。

「多読」は必要ではない

このように私は同時にたくさんの本を読んでいますが、何冊読むかということに囚われないようにしなければなりません。

何を読んだかということは少なくとも記録しておきたいと思って書き留めると何冊読んだかが気になりました。読み終わってすぐに書き留めることができず、しばらく放っておくと記録するのが億劫《おっくう》になったことがあります。

一日に一冊本を読むというような目標を決めてしまった時には、本を読むこと自体が目標になり、ゆっくりと読む楽しみを忘れてしまったような時期もありました。

何冊読んだかではなく月に何ページ読むことを目標にしたこともありました。一日一冊というような目標では、本といっても薄い本もあれば、分厚い本もありますし、すぐに読める本もなかなか読めない本もありますから、薄い本を選ぶようになります。ページ数を目標にするのはその点合理的ですが、それでも、月末が近づきノルマが達成できていなければ、熟慮しなければ読み進めないような本ではなく、ストーリーを追っていけばいいような本、一読してわかるような本を選ぶことになってしまいます。

一冊の本を速く読むために活字の少ない短歌集を速読しても意味がないのは明らかですし、何ページ読むかを目標にすると立ち止まってよく考えなければ読み進めない哲学の本を避けるようになり、何のために本を読んでいるかわからなくなってしまいます。

高校の同級生の一人は通学の汽車の中で毎日、岩波新書を二冊読み上げたといっていました。私はそんなことはできませんでした。何冊読んだか、あるいは何ページ読んだかを気にし始めると、本の内容を理解したり、味わうことが二の次、三の次になってしまいます。本を読む時にノルマを課するのをやめると気持ちが楽になります。

本を読みさす

面白い本でも、一気に読めない分厚い本があります。

ニーチェはショーペンハウアーの本を読んでいた時、毎日読み終えるのが残念で渋々寝ていたと伝えられていることは先に見ました。

このような本は、どこで読むのをやめるかが大事な問題になります。寝床で読んでいると、どこも何も眠くなったらそこで終わりですが、この場合も思いがけず、本が面白くて眠れなくなることはあります。

私はどこで本を読むのを中断するかについて加藤周一の本を読んで学んだのですが、面白いところで読みさすということにしておけば、仕事などで読書を中断しなければなくてもまた読みたくなります。続きを早く読むために締切のある仕事に精を出すこともあります。私はあまり間食はしませんが、おやつを楽しみに仕事をする人のような気持ちなのかと思うことがあります。

どこで読むのをやめようかと迷うような本は本当に面白い本なのです。面白くなければこんなことに迷うことはないからです。

近年はキム・ヨンスの本を読んでいます。まだ韓国語の力が十分ついていないので読み進むのには時間がかかりますが、数行読むだけでも考えさせられ、そのことについて韓国人の先生と議論しています。

問題は、面白いのですがあまりに読むのに時間がかかってしまい、仕事をすることに障《さわ》りがあることです。しかし、仕事をそっちのけでいつまでも読んでいたいと思う本に出会えたことはありがたいです。キム・ヨンスの本はあまりに面白いので、読むのを中断したらそのまま二度と読めないなどということは決してありません。

試験の前の日に勉強そっちのけで、小説を読んでしまうという気持ちによく似ています。

読書歴Ⅲ

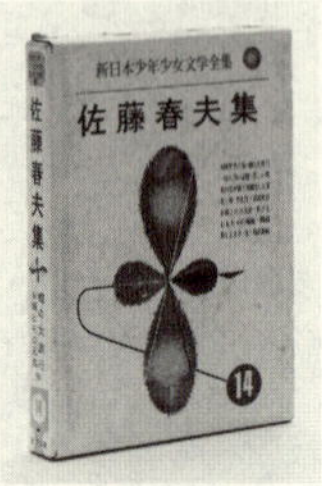

「美しい町」
(『新日本少年少女文学全集14 佐藤春夫集』ポプラ社)

佐藤春夫の短編。理想的な「美しい町」を作るという話。夢中で読みましたが、大人になってから再読した時はそれほど面白いと思いませんでした。

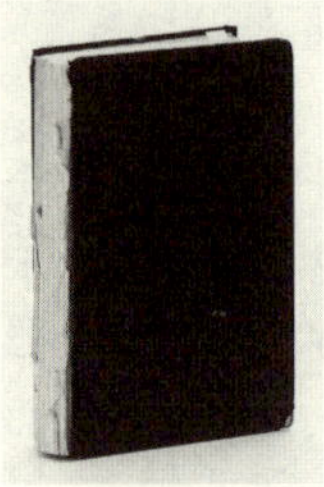

『法律』

プラトンの最晩年の未完の大作。読書会で八年かけて読みました。読書会でも大学の演習でも、ギリシア語を一字一句疎かにしないで精密に読むことを学びました。

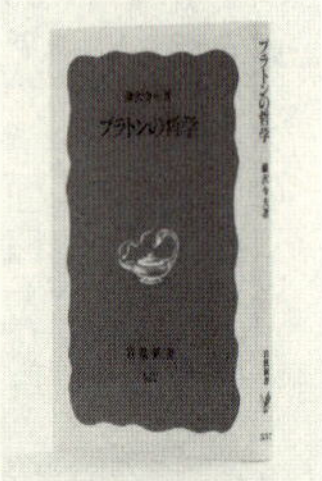

『プラトンの哲学』(岩波新書)
藤沢令夫

私が師事した藤沢令夫の著したプラトン哲学の入門書。信頼に足る新書を読むことは古典を読む時にも有用です。

第4章 読書の悩み

どうしても読まなければならない本

今も原稿を書くために必要な本を探し出して読むことは苦痛です。本から引用をまったくしないで書ければいいのですが、論文などではそうすることは許されません。研究のためにはどうしても読まなければならない本がありますが、そのような本を読むことは楽しいわけではないのです。

哲学者の梅原猛（一九二五－二〇一九）が学生の頃はギリシア哲学を学んでいたことを知っている人は少ないかもしれませんが、梅原が提出した卒業論文を読んだ田中美知太郎が、哲学者の名前を一切引かない梅原の論文を評して「心境小説」だといいました。

研究者は他の研究者の文献を読み、自分の論文の中で引用しなければなりません。今、このテーマについてはどんな研究があって、この研究者はこういうことを、別の研究者はこういうことを論じているとまとめ、その上で自分はそのどれでもなくこういう見解である。そんなふうにまとめなければなりません。

たくさんの文献を引用してある本や論文を読むと、これだけ研究したと同業の研究者に誇示しているように見えないこともありませんが、論文や本から引用しながら巧みにまとめることが得意な研究者は多いですし、それができなければ研究者にはなれません。

しかし、このような本は一般の読者にはあまり面白くはありません。もちろん、その種の本は読者が研究する時に必要な情報が書いてあればいいので、面白くある必要はないともいえます。研究者としてはそういう本があることはありがたいのですが。

読者の立場からいえば、諸説がまとめてあると、このようなことが研究者の間では問題になっていて、合意に達していないことを知ればそれで十分なのですが、諸説を紹介解説をした人が自分ではどんな解釈しているかをはっきりと書かないこともあります。そんな時は、本人の話を聞いてみたくなります。人の噂話をたくさん聞かされてもあまり意味はないのです。

研究論文に普通主語として「私」を使わないのですが、学生の頃、研究仲間の一人が「私」を主語にして論文を書いているのを見て驚き、感心したことがあります。「私たち」とか「われわれ」と書いてあれば、それはそれで違和感があります。

一つは、私を主語にしないということは、自分の主張に責任を持たないということだからです。他方、読者からすれば「私たち」と書いてあれば、勝手にあなたの考えに賛成していることにしないでほしいといいたくなるところが問題です。
研究のまとめではなく、著者が何をいいたいかということを知りたいと思いますし、読者を勝手に自分の味方に引き込んではいけません。

どんな姿勢で読むか

本をどのような姿勢で読むべきかということは決まっているわけではありません。寝転がって読むのが一番楽ですが、難点は本を読んでいるうちに眠くなってしまうことです。しかし、本を読みながら寝られるというのは、最大の至福であるともいえます。子どもの頃、本を親から読み聞かせされた子どもはいつの間にか眠りに落ちたはずです。

眠れない時に本を読めばいよいよ眠れないからと輾転反側《てんてんはんそく》して過ごすよりは、本を読んだ方がいいかもしれません。眠れなくても本は読めますから。読んでいるうちに眠くなれば儲けものくらいに思っておくのです。

歩きながら本を読むこともできないわけではありません。認知症を患っていた父を施設で預かってもらっていた時、そこに行くのに最寄りの駅から歩いて三十分ぐらいかかりました。途中見るべきものがなく、人通りのない道だったので、何とかこの道を歩く時間を楽しいものにしたいと思いました。

本を読みながら歩けたらいいのですが、もちろん歩道であっても危険なので、短歌の本を読むことにしました。これなら読むわけでなく、一瞬、立ち止まって一句を読み、それを覚えてすぐに本を閉じ歩きます。

短歌は覚えたらそれで終わりではもちろんなく、詠んだ人の思いを想像し始めると一つの短歌で一つの小説くらいいろいろな思いを呼び起こします。

入院していた時、本を読めず短歌を作っていたことがありましたから、父のところへ向かう道でも歩きながら自分で作ってもいいわけですが、自分では思いもよらないことが書いてある他の人の短歌は触媒となって私の創作欲を刺激しました。

短い言葉に凝縮された短歌を味わい尽くすために考え事をしていたら、すぐに父のいる施設に着きました。

どこで読むか

「三上《さんじょう》」という言葉があります。文章を練るのに最適な三つの場所という意味ですが、本を読むことにも当てはまるでしょう。馬上《ばじょう》・枕上《ちんじょう》・厠上《しじょう》の三つです。

馬上は、今なら通勤電車の中でしょう。家にいると意外に本を読むことはできません。なぜ通勤や通学の時には本を読めるかというと、本を読むこと以外のことはできないからです。家にいると、本を読むよりも楽しいことに気持ちが向いてしまい、本どころではなくなるのかもしれません。

もちろん、満員電車の中では本を読むことは難しいのですが、だからこそ読みたくなります。本を読めずにじっとしていることを強いられると辛いので、電子書籍を読むか、また、短歌や詩などページをめくる必要があまりないような本を選びます。

新聞も以前は小さく折りたたんで読んでいる人をよく見かけましたが、スマートフォーンやタブレットで読むことができます。今は本や新聞を読んでいる人が少なくなっているように見えます。

通勤や通学のために毎日電車に乗っている時に本を読めば、一回一回の通勤通学の時にはさほど読めないかもしれませんが、一月半年一年と読み続ければ、かなりたくさんの本を読むことができます。

枕上というのは寝床で、厠上はトイレの中です。加藤周一はトイレにフランスの小説家アンドレ・ジッドの日記を置いておいたと書いていますが、トイレに習慣的に入る人であれば、本を読むことに集中できる絶好の場所といえるでしょう。本を読む時も、文章を練る時もこの三つの場所であれば集中できます。

ところで、三上は文章を練るのに最適の場所という意味でしたが、文章を練るといっても頭の中でこれから書こうとすることを考え、並べるということでしょうし、その際、何かをふと思いついても、書き留めなければそのまま忘れてしまいます。寝てしまったら大抵雲散霧消してしまいますし、馬上、厠上など机に向かっていない時は書き留めるのは簡単ではありません。さてどうすればいいかは後で考えてみます。

書斎は読書にふさわしい場所なのか

本を読む場所としては書斎を思い浮かべる人は多いでしょうが、書斎ははたして本を読んだり、書いたりするのにふさわしい場所なのか考えてみなければなりません。三上が読書に適するのであれば、むしろ書斎は必要ではなく、書斎から出て行った方が本を読め、何かを思いつき、可能なら文章を書くこともできることになります。

今の私の書斎は少し広くなったので、時々歩き回ることがあります。歩いていると何かがふと思い浮かぶことがあるからですが、それなら外に出て行った方がいいのでしょうし、私の書斎はそのためには狭すぎます。

広い書斎がほしいと長年思いながらなかなかその夢を果たせずにいましたが、数年前、仕事をする部屋を借りたので、それまでよりも広い場所に書棚と大きいテーブルを置けるようになりました。

広い書斎がほしいと思ったのは本を置く場所がなくなってきたからです。しかし、本を置くためであれば書庫でもいいので、書斎である必要はないともいえます。

実際、私は原稿を書くために必要な本を書斎から持ってきてダイニングのテーブルで本を読んだり原稿を書くことがあります。書斎よりもダイニングで仕事をしている方が多いといっていいくらいです。一人でこもって仕事をするよりも、家族がいるところで話をしながら仕事をするのが好きだからです。

問題はテーブルにパソコンだけではなく、本などを持ち込むのでたちまちテーブルの上が散らかり、食事の時は片づけなければならなくなることです。この問題が解決すれば、特にどうしても書斎が必要ではなくなります。

書斎であれば、本もパソコンも常に出したままにしておくことができますから、すぐに仕事に取りかかれます。パソコンも毎回終了しないで、常にスリープ状態にしてあります。おそらく私がノートパソコンを好むことに通じるのだと思うのですが、「ここでしか仕事ができない」のではなく、どこででも仕事をしたいですし、変化を好むのです。

喫茶店などで原稿を書くことも稀にあります。問題は音楽がかかっていたり、騒がしいことですが、そういう場所であれば、家であればすぐに仕事をやめてしまうところを頑張れることもあります。電車の中で本を読む時のように一定の時間すわり続けるからです。

積読の効用

積読の効用は、本が絶えず目の前にあるので、本の存在を忘れないですむということです。

私は目の前にない本は買ったことも忘れてしまうことがあります。先にも書きましたが、電子書籍はデータとしてスペースをとらずに小さな端末に保存されていて便利ですが、見えないのでどんな本を買ったか忘れることがあります。

紙の本でもすでに持っているのに本を買ってしまうという失敗を何度かしたことがあって、その度に落ち込みますが、いつも目に触れるところにあれば、同じ本を買うことはなかったと思います。

とはいえ、書棚のスペースが限られており棚の奥の列に本を並べると見えないので、やがて買ったことを忘れたり、どの棚に置いたかわからなくなり、必要な本をすぐに取り出せないことがよくあります。

手元に何も資料がない状態では原稿を書けないことがあります。多くの本を参照しなければならないからです。必要があれば、新しく読まないといけない本もたくさんあります。プラトンの翻訳を手がけた時は、一行を翻訳するのに多くの本を読みました。

学生の頃、ギリシア語の本を読んでいた時も、原文の他に各国語の翻訳や注釈書、研究書を参照しなければならなかったのと同じです。

ギリシア語の本を書いたり論文を書いている時は、一日の終わりにはたくさんの本が出しっぱなしになっている状態になります。

私の先生の一人は毎日それを本棚に戻すということでしたが、私にはなかなかそうすることはできません。本が出版されると、ようやく片づけようという気になります。中には本を出版すると参照した本を全部売り払うという人もいると聞いたことがありますが、私はそんなことはできませんから、本は増えこそすれ減ることはありません。増えていく本をどうするかが常に悩みの種になります。

整頓と整理

梅棹忠夫は整理と整頓を区別しています（『知的生産の技術』）。散らかった本を内容は関係なしに、同じ大きさの本を集めて書棚に並べれば、それは整頓ではあっても、整理ではありません。

他の人には見えない秩序というものがあって、見た目には乱雑でも、必要なものがすぐに取り出せたら本は整理されているのです。

三木清が、初めてきた家政婦に自分の書斎の掃除を任せるとどうなるかを書いています。

「彼女は机の上やまわりに乱雑に置かれた本や書類や文房具などを整頓してきれいに並べるであろう。そして彼女は満足する。ところで今私が机に向って仕事をしようとする場合、私は何か整わないもの、落着かないものを感じ、一時間もたたないうちに、せっかくきちんと整頓されているものをひっくり返し、元のように乱雑にしてしまうであろう」(『人生論ノート』)

これは秩序というものが何であるかを示す単純な場合であると三木はいっていますが、晦渋《かいじゅう》な『人生論ノート』の中にあって非常にわかりやすい内容なので印象的な一節です。三木自身の経験が書いてあるのでしょう。

「外見上極めてよく整理されているもの必ずしも秩序のあるものでなく、むしろ一見無秩序に見えるところに却《かえ》って秩序が存在する」(前掲書)

なぜ一見無秩序で整頓されていないのに整理されていることが可能かというと、秩序を作っているのは外面的な形ではなく、「心」だからです。

「どのような外的秩序も心の秩序に合致しない限り真の秩序ではない。心の秩序を度外視してどのように外面の秩序を整えたとしても空疎である」(前掲書)

書斎があまりにきれいであれば、あまり勉強をしていない証拠ともいえます。本を取り出して読み、また片づける(あるいは、片づけないままにしておく)ことを何度も繰り返す中で勉強を続けていると、外面ではない心が作り出した秩序が形成されるのです。

ついでながら、ここで三木は書斎の話をしているだけではないでしょう。三木の生きた時代も今も外からの秩序が大事だと思う人は多いのです。道徳もそのような意味での秩序であり、外から与えられるものだと考えるのは間違いだと私は考えています。秩序は上から押しつけられたり、型にはめられたりするものではありません。また、切り捨てたり、取り払うことでも秩序はできません。型に無理やりはめようとして、その際、異論を排除するようなやり方は、内容は関係なしに本棚に同じ大きさの本を並べるようなものです。

教科書だけを読まない

加藤周一は教科書は繰り返し精読する本だといっています。

試験のためであれば教科書を何度も読むことは有用でしょう。学生の頃はそういう仕方で勉強をしてきました。奈良女子大学の非常勤講師時代、ギリシア語の教科書も学生に教えるために何度も繰り返し読みました。学生もしっかり読みますから、やがて前にさかのぼって文法を説明する必要が起きた時、学生が教科書のどこに書いてあると教えてくれるようになりました。

教科書はこのように繰り返し読み覚える必要もありますから、できるだけ簡潔に書いてあることが望ましいのですが、一つ問題があって、教科書はあまり面白くないのです。教科書に面白さを求めることが間違いなのかもしれませんが、教科書だけではなかなか勉強をしようという意欲がわかなかったものです。

高校時代の世界史は先生が詳細に解説する授業だったので、毎時間配布されるプリントを読むだけでも大変でした。それでも、まだ私は飽き足らず、教科書とは別に歴史の本を読みました。

私は家が貧しいと思い込んでいたので、当然高校は地元の公立高校に進学するつもりでしたが、授業料が免除になるかもしれないと知って、京都市内の高校に進学することを決めました。蒸気機関車で通学しました。単線だったので、駅ごとに長い時間、すれ違う列車を待ち合わさなければならず、片道一時間は汽車の中で過ごさなければなりませんでした。

通学途上では多くの本を読むことができましたが、学校が休みに入ると読書量は減りました。これは他のところでも書きましたが、本を読むこと以外のことができる環境であれば、本を読まずに他のもっと楽しいことをしてしまうからです。

当時私の一月の小遣いは千円でした。朝早く出かけ夕方帰ってくるだけの毎日だったので使う間もないくらいでしが、その中から毎月発売される中央公論社の『世界の歴史』を買って読みました。一冊五百円でしたから、小遣いの半分をこの本に毎月当てたことになります。

このような勉強がよかったのかどうかはわかりません。しかし、何かを新しく学ぶことになった時は教科書を熟読するのが基本ですが、教科書の他に教科書よりもはるかに分厚い本を読むことで、教科書に短くしか書いてないことにも、背景に学ぶべき多くの出来事があることを知りました。歴史はアウトライン以上のものだと知ったように思います。

アンソロジーの注意点

誰かの本の中から主題ごとに言葉を選び抜いた本は、作家や思想家の考えを簡単に知るためには有用かもしれませんが、いくつか気をつけないといけないことがあります。

編集者が自分の考えでまとめているので、著者の真意を伝えられていないかもしれないというのが一つです。私自身、アドラーのアンソロジーを何冊か編んでいますが、あくまでも私の視点でこのアドラーの言葉は大切だと思って選び出しているので、私の主観が色濃く反映することは間違いありません。当然、別の人が編集すればまったく違った本になるでしょう。

また、文脈の中で理解しなければならない言葉であったり、あるいは理解できない言葉を文脈から切り離したりしてしまうと、本来の意図が伝わらないことがあります。編者としてはできるだけ、どんな文脈の中で語られた言葉であるかを明らかにしようとしますが、中には文脈とは関係なく、この手の本を編む人もいるのも事実なのでアンソロジーには気をつけなければなりません。

たとえ編者が十全とした注意を払ってアンソロジーを作ったとしても、読者が例えば、自分の生き方を肯定するような、自分に都合のいい言葉だけをそこから選び出すということはあります。

ローマの皇帝マルクス・アウレリウスが書き残した『自省録』という本があります。これは自分のために書いたものであり、意味を取ることが簡単ではないところもあります。全文をテーマ別に並べ替えて整理すればマルクスのいおうとしていることが明確になってくるはずです。

それを誰かに任せないで自分でやってみるというのも面白いかもしれません。

大切なポイントを見落とさないために

本を読むのはただ面白いからでもいいのですが、本の大切なポイントを見落とさないで正しく読み取らなければならないことはあります。

著者は時間をかけて丁寧に書いているので、重要でない箇所などないといっていいくらいですが、長い時間をかけて読んでも、「木を見て森を見ず」ということにならないためにはどうすればいいでしょう。

先に見た梅棹忠夫の分類でいえば、追随的読書ではなく、批判的読書、つまり著者の考えを鵜呑みにするのではなく、本当にそうなのかと考えながら読むことが大切ですが、批判以前にこの本で著者が何をいいたいのかを理解するのが先決です。

そのために、私は「まえがき」と「あとがき」を丁寧に読むようにしています。本を書いていた経験でいえば、まえがきは最後に書くことが多く、そこに本で何を書こうとしているか（最後に書く時であれば、何を書きたかったか、ということになりますが）をまとめます。

あとがきは脱稿した後、力を緩め、書いた原稿から少し距離を置いて書きますが、やはり、そこでも本書では何を書いたかを記します。

書評などを参考にすることもあります。信頼できるものであればという条件がつきますが。

本を読む前であれば、これらのものを読んだ上であらかじめおおよその見当をつけて読むと、独りよがりの読み方にならないかもしれませんが、古典を読む時などは研究書や論文を参考にすると人の噂話ばかり聞いているような気になりますから、とにかく自分で考えて読み始めることが大切で、書評や解説本は後から読む方がいいかもしれません。

読書歴Ⅳ

『知的生産の技術』（岩波新書）

梅棹忠夫

パソコンなどなかった時代に書かれた本ですが、今読んでも少しも古くなっていません。学生の頃、本書に紹介されている「京大型カード」をたくさん作って論文を書きました。

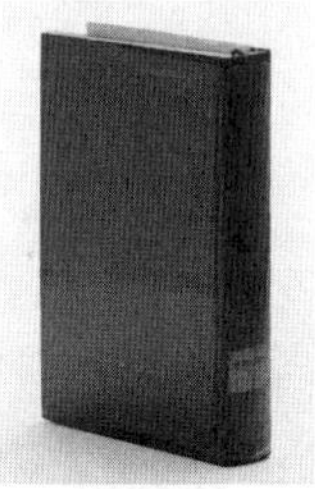

『世界の歴史2 ギリシアとローマ』

（中央公論社）

村川堅太郎 編

高校生の時、この中央公論社の『世界の歴史』シリーズの十六冊を読破しました。第二巻の「ギリシアとローマ」が面白く、後にギリシア哲学を学ぶきっかけの一つになりました。

『自省録』 マルクス・アウレリウス

（左：講談社学術文庫／鈴木照雄 訳）
（右：岩波文庫／神谷美恵子 訳）

ストア哲学者でもあったローマ皇帝マルクス・アウレリウスが政治家としての激務の合間を縫ってギリシア語で書き留めた内省の記録。

第5章　本で外国語を学ぶ

外国語は英語だけではない

多くの人が中学生になると英語を学びますが、外国語といえば、英語だけと思い込んでいる人が多いように見えます。英語さえ学べばいいと思い、英語以外の勉強をしようと考えたことがないようです。

しかし、英語を学ぶだけでなく、他の国の言語を学ぶと英語しか知らなかった時よりも世界が確実に広がります。

英語でも苦労してなかなか身につかないという人も多いのですが、他の言語の方が英語よりも難しいかといえばそうともいえません。中学生の時から勉強しているので、英語に多少慣れているだけであり、実際には英語はやさしい言葉ではありません。

英語は例えば名詞や動詞の活用がそれほど複雑ではなく、格変化もありませんが、語順に依存し、せっかく文法を学んでも例外が多く、さらには覚えなければならない語彙が多いので習得は容易ではありません。もちろん、他の言語がやさしいわけではありませんが、長く学んだにもかかわらず、なかなか読めるようにならないとしても自分のせいとばかりいえません。

今の時代であれば、インターネットを利用すれば英語や他の言語のネイティブの発音を聞くことは容易ですが、私が英語を勉強し始めた頃は、田舎に住んでいたこともあって英語を聞く機会はほとんどありませんでした。英語は学校以外でもラジオの英語番組を聞いて学びましたが、やがて少し英語がわかるようになると、実際に英語を使ってみたくなりました。

その頃住んでいた家は観光地にあり、海外から多くの観光客がやってくるところだったので、その人たちと話してみようと思い立ったのでした。

話すといっても、「どちらからこられましたか」くらいしか話せませんでしたが、世界にはいろいろな国があるということ、外国語は英語だけではないということを知りました。

これは中学一年生のことでした。翌年、私の関心は英語に留まらず、ドイツ語とフランス語にまで広がりました。

中学校の修学旅行は東京でした。東京タワーに登った時にも観光客に英語で話しかけました。マレーシアからきたという人と話した時も英語を使ったのですが、英語は私にとってもその人にとっても外国語でした。その人と私が共通して知っている言語は英語しかなかったので英語で話しましたが、英語ではなく、直接マレーシア語で話せたらいいのにとその時思いました。

英語は多くの人が学んでいるので、英語を知っていればこんなふうに話をすることができますが、英語だけが言葉ではありませんから、英語以外の言葉も学びたいと思うようになりました。

外国語を学ぶ目標

外国語を学ぶ一つの大きな目標は、それを使ってコミュニケーションをすることです。私の場合も、英語を使ってコミュニケーションができることが嬉しかったのです。

中学生になって英語を学び始めた時、ヒュー・ロフティング（イギリスの児童文学・絵本作家、一八八六－一九四七）のドリトル先生シリーズを読み、動物と話すことに憧れました。

もちろん、実際には動物と話す術はないので、この憧れは潰《つい》えることになりますが、話したいという思いはありました。結婚してから、動物行動学者のコンラート・ローレンツ（オーストリア、一九〇三－一九八九）の『ソロモンの指輪』に魅せられ、犬と暮らすようになったのはドリトル先生から端を発しています。ソロモンは指輪を使って動物と話したという伝説のあるイスラエルの王です。

しかし、コミュケーションをとることが言語を学ぶ目標のすべてではありません。少し英語を勉強したら海外からの観光客と話せたことが嬉しかったので、いよいよ英語を勉強しようと思うようになったのは本当です。それでも、コミュニケーションは外国語を学ぶ一つの目標でしかありません。

英語がわからなければ生きていけないわけではありませんし、学業を終えてその後の人生で英語をまったく使わなくても生きていくことは可能です。それなら、英語を使う必要がなければ学ぶ必要がないのかというと、そうではないでしょう。英語以外の言語であればましてそれを実際に使う必要はないといっても間違いありません。

しかし私は、本を読むために外国語を学ぶということがあってもいいのではないかと思います。もちろん、本を読む時に発音を学ぶ必要がないわけではありませんが、本を読むためであれば、少しずつ発音もできるようになればいいというのも一つの考え方です。

中国語の勉強をし始めた時、発音は難しいので後回しにして、まず文法を学び、筆談することを勧める本を読んだことがあります。この筆談はコミュニケーションのためにするのですが、中学校、高校で学ぶ漢文は、発音は後回しというより発音を教わることなく学ぶ中国語です。もっとも漢文では白文を読むわけでなく、レ点などで日本語の語順に合わせて読むのですが。

韓国語は最初は独学で勉強していたのですが、先生について学ぶことになりました。発音を学び直さないといけないと思っていましたが、韓国人でもなまっているからとあまり厳密に発音を矯正されることがなくてありがたかったです。日本語にない音があるので、韓国人のように話すことは初めから無理といえば無理なのです。

英語についていえば、アメリカ英語に固執することはないと思います。大学院に在籍していた時、語学学校で英語を勉強していたことがありましたが、いろいろな国の人が話す英語を聞き取る授業がありました。国を超えて使われる言語であれば、それぞれの国の違った発音で話されるのは当然なのです。

ある日そのクラスに京都大学の教授が入ってきました。その先生は読むことや書くことについては完璧な力がありましたが、話すとなると中学生とそんなに変わらない英語しか話せませんでしたし、非常に初歩的な間違いをすることに驚かないわけにはいきませんでした。もちろん文法の知識がないわけではありませんが、話すとなると簡単なミスをしてしまうのです。

先生は自分の専門分野では英語で書かれた本を読み、論文を書けるはずなので、簡単な会話もできないことに驚きましたが、もしも読み書きと話すことのどちらか一つしか選べないとしたら、間違いなく私なら読み書きができることを選ぶでしょう。会話をしなくていいのであれば、気が楽だと思う人もいるでしょう。人と話すことは、外国語でなく母語であっても簡単にはできないからです。

いつかソウルで講演をする機会がありました。世界中から招かれた講演者がレセプションで一堂に会したのですが、ある高名な日本の大学の先生と同じ席につくことになりました。私よりも年配の先生でしたが、その先生が一切英語を話さないことが印象的でした。英語を話さないのがいいといっているわけではなく、英語を話さなくても堂々としているところがいいなと思いました。英語（や、他の言語）を話さないからといって、そのことが人間の価値を決めるわけではありません。

私の高校時代の倫理社会の先生が、ある時「日本人は英語は話せないが、書くことや読むことができる」といったことをよく覚えています。先生は京都帝国大学で西田幾多郎から哲学を学んだ人で、授業中教科書の中に出てくる重要な言語について、英語はもとより可能な限りフランス語、ドイツ語、ラテン語、ギリシア語まで黒板に書いて説明をしていました。受験のことしか考えていない同級生には余計な説明に思えたかもしれません。

ついでながらいうと、普段は早口で話すわけでもない人が英語で話すと急に早口になり身振りも激しくなるのを見ることがあります。鈴木大拙《だいせつ》(仏教学者、一八七〇—一九六六)はゆっくりと英語を話したといわれています。鈴木の話を聞きたい人は当然じっくりと話に耳を傾けたでしょう。

ここまでのところで外国語を学ぶ時に声に出して読むことを強調してきませんでしたが、外国語を学ぶ目的はコミュニケーションだけではないといいたかっただけで、外国語を学ぶ時には声に出して文章を読み上げることは必要です。

トロイアの遺跡を発掘したハインリヒ・シュリーマン(ドイツの考古学者、一八二二—一八九〇)は、多くの言語を習得しました。彼の学習法は声に出して読むことで、そのために近所の人から苦情が出て何度も引っ越しをしなければなりませんでした。ある文章が間違っていることを文法の知識に照らしてではなく、暗唱した文章に基づいて指摘できたのです。

文法は時間をかければ学べ、書けるようになりますが、文法と語法は違います。文法的に間違っていなくても、そういういい方はしないということがあります。これが語法です。語法を身につけようとすると長い時間がかかりますし、発音と同様生まれてすぐからずっとまわりの人が話すのを聞いてようやく身につけることができます。そのような環境に育てば、難しいことではありませんが、外国語として言葉を学ぶ時には簡単なことではありません。

そうなると、哲学者の森有正が指摘しているのですが、フランス語はフランス人にしか話せないことになってしまいます。しかし、私はそうではないと思います。母語として学んだ人にとっては違和感があっても、外国人が使う言葉も例えばフランス語であるといっていいと思います。

外国語の勉強に限ることではありませんが、勉強することは苦行であると思い込んでいる人は多いように思います。受験の時に、鉢巻をして、歯を食いしばって勉強したという人もいたかもしれません。実際は勉強をしている時は鉢巻をしないでしょうが、中学受験に臨む小学生が塾の先生に引率されて電車の中に乗ってきた時、鉢巻をしているのを見たことがあります。

その小学生たちは勉強は他者との競争に勝つためのものであり、志望する学校に合格することは将来の成功につながると思っていたかもしれませんが、学ぶことの喜びを知っている人がどれだけいるのだろうと私は思いました。

勉強することは知らないことを学ぶことなのですから、面白くないはずはありません。そのような学ぶ楽しみを大人が知らないので子どもたちにも学ぶ楽しみや喜びを伝えることができず、勉強をすることが嫌いになってしまうのです。

幸い、今はもう試験を受ける必要がないのであれば、本を読むことも外国語を学ぶことも誰かと競争する必要はないのですから、楽しんで行えばいいと思います。

英語を学ぶだけでも大変なのに他の言葉を学ぶことは容易ではないと考える人が多いかもしれませんが、少なくとももう一つ別の言葉を学べばそれらの言葉を比較することを通して学ぶ喜びを知ることができます。

たとえ資格を取るために英語を勉強するという場合でも、一つの単語を覚えることの喜びを知れば試験勉強がただ苦痛であるというようなことはなくなるでしょう。

さらにいえば、勉強して何かを達成したりしなければならないわけではありません。試験でいい点を取れるに越したことはありませんが、結果を出すことが勉強することの目的ではありません。学んでいるその時々が幸福なのです。新しいことを知る喜びを日々感じながら勉強をすれば、ある日、ずいぶんと遠くまできたことに気づきます。

思考訓練としての外国語学習

『思考訓練の場としての英文解釈』というタイトルの参考書を使って英語の勉強をしていたことがありました。

語学には終わりはありませんが、これだけのことができたらある言語を学んだという最低限の目安は、辞書を引けば本を読めるということです。辞書を引けるためには、文法を知っていなければなりません。

言語によっては複雑に動詞が活用します。そのような言語は動詞の原形がわからなければ辞書を引くことができないのです。もちろん、文法をすべて知ることはできませんが、何とか辞書を引けば、時間がかかっても読めるというのが、最初の目標ということになります。

後は、たくさん読んでいくしかありません。経験上、二千ページほど読めば、語彙も増え、最初の頃ほど本を読むのに時間はかからなくなります。それでも、自分がよく知っている分野の本であれば読めるようになっても、これまで日本語でもあまり読んだことがない分野のものは難しいかと思います。

『思考訓練の場としての英文解釈』という本を読んでわかったことは、この思考力を身につけることが英語を学ぶことの大きな目的であるということです。

文法の知識があり、辞書を引くことができても、思考力がなければ、ある程度以上のレベルの英文は読めないということがわかりました。日本語で書いてあっても、考える力がなければ理解できないということです。

私の本が韓国語に翻訳されて以来、講演に招かれることが増えてきたことが一つのきっかけになって韓国語の勉強を始めましたが、先生と韓国語で書かれた本を読む時にしばしば間違えるのは韓国語の知識が足りないからではなく、考える力が足りないからということがよくあります。書いてある内容についてよく理解できていなければ読めるはずもないのです。文法の知識は後からついてくるともいえます。

出てくるすべての単語を辞書で調べないといけないので時間はかかりますが、内容が理解できていれば、きっとこういう話になるはずだと次に書いてあることを予想しながら読めるので、それができれば誤読することも少なくなってきます。

学生の頃、家庭教師をしていました。ある年教えていた高校生は熱心に英語の勉強をしてこなかったようであまり成績はよくなかったのですが、長文読解問題が得意で、特に本文の内容に合致する文を選べという問題は決して間違えることはありませんでした。

本文は読まないのです。これがいいかどうかは別として、試験の時は丁寧に本文を読んでいたら時間が足らないことがあります。一つずつ読んでいき、こんなことが書いてあるはずはない文を正答の候補から外していきます。外国語を学んで身につけるのに必要なのはこのような能力だと思いました。

外国語の勉強は生き方も変える

アドラーは「不完全である勇気」という言葉を使っています。ここでいう「不完全」は、人格についてではありません。新たに手がけたことについての知識や技術についての「不完全」です。

その不完全は、最初からできないと決めてかかって挑戦しない人には思いもよらないことでしょうが、かなりの程度、完全に近づけることができます。

欧米の言語は私は若い頃から学んできたので、本を読むことができますし、初歩的な間違いをすることはあまりありませんが、初めて学ぶ韓国語の場合はなかなか上達しません。韓国語の知識が足りないからでも、考える力が足りないからでもない、もう一つの理由があります。学び初めの頃は間違えても当然なのに、その事実を受け入れたくはないからなのです。

大学で古代ギリシア語を教えていた時、一人の学生が、練習問題にあるギリシア語を訳そうとはしないで、黙り込んでしまったことがありました。私はその学生に「なぜ今答えなかったのかわかっていますか」とたずねたところ、学生はこんなふうに答えました。

「この問題を間違って、先生にできない学生だと思われたくなかった」と。

近代語とは違ってギリシア語は難しいので間違っても当然なので、この答えを聞いて私は驚きましたが、韓国語を学び始めた私も同じことを考えていたのです。

最初は間違えても、間違いを繰り返す中で少しずつ知識を身につけ、力をつけていくしかありません。教師の立場からいえば、学生が答えて間違ったら、そこが学生がまだ理解できていないことだとわかりますし、教師の教え方がよくないのかもしれません。学生が答えなければ知りようがないのです。

そこで、私は「間違っても、あなたをできない学生だとは決して思わない」と約束しました。

すると、その学生は次回から間違いを恐れずに答えるようになり、それに伴って力もついていきました。

歳を重ねてから新しいことに挑戦する時に困難を感じるとすれば、例えば語学の習得なら、記憶力が減退したからではありません。何もできない自分を認めたくはないからです。

これまでの人生で長く何かをやり続けてきた人は、ある領域では自分が優れていると思っていたでしょうが、新しいことをすれば、たちまち何もできない自分と向き合わないわけにはいきません。

何かを学ぶ時だけでなく、自分が不完全であることを受け入れることができる人は、自分の価値を理想からの減点法ではなく、現実をゼロとして加算法で見ることができます。加齢と共にあれもこれもできなくなったとしても、そのことを嘆くこともなく、自分の価値を何かができることに見出すこともなくなります。

その上で、もはや他の人と競争する必要もないのですから、新しい単語を一つでも覚えられたり、少しでも楽に身体を動かせたり、泳げたりするようになれば、そのことが喜びとなり、人生は豊かなものになります。

勉強している今が幸福

外国語の勉強に限ることではありませんが、成長したり何かを達成することが勉強の目標ではありません。検定試験でいい成績をとるというようなことは結果ではあっても、それを勉強の目標にしてしまうと日々の勉強がつまらないものになってしまいます。

本を読んでいる時に知らない単語に出会う。すぐに辞書を引かないで前後の文脈から意味を推測する。その後で辞書を引いてみたら、推測した通りの意味だったことがわかる。このようなことが喜びになり、試験でいい成績をとることとは関係なしに勉強している今幸せであると感じられます。

例文として引かれている一文が心に深く刺さるということもあるでしょうし、少し読めるようになると、さらにそのような多くの文章に出会うことになるでしょう。それらを読むことがすべてであって、辞書をあまり引かずに速く読めるようになるのは結果でしかありません。

どんな外国語も学び始めが楽しいのは、例えば、その日学んだばかりのことを会話の中で使ってみて、それがきちんと相手に伝わったことを知った時に嬉しいと思えるからです。

外国語でも、自分の好きな本を読む

外国語の本を読む時、最初は文法を学ぶ必要がありますが、時間はかかっても辞書を引けば読めるようになったら、その後は普段読んでいるのと同じような本を読むというのも一つの勉強法です。私は勉強していても、初学者向けの本では内容に興味を持てないので、つまらないのです。

小学生の頃、源義経の伝記を読んだことがあります。その本にはふりがなが振ってありませんでした。ふりがながついていれば、何とか自力で本を読み進めることができたのですが、少し読んでみたところ読めない漢字があまりに多いことがわかりました。

そこで、母にふりがなをふってほしいと頼んだところ、母は嫌がらずその日、私が読めるであろうページにふりがなを振ってくれました。

その本は当時の私には難しかったのでしょうが、学校で使う教科書よりも小さな活字で書かれた本を読めることを嬉しく思いました。

母が振ってくれたふりがなを頼りに本を読み進むと、間もなく、その本で使われている漢字をすべて読めるようになり、最初の三分の一を読んだ頃には母にふりがなを振ってもらう必要はなくなりました。

私が少し背伸びをして、活字の細かい、しかも漢字の多い本を選んだのだと思いますが、親に買ってほしいといった時に親が拒まなかったのはありがたいことでした。外国語の勉強をするようになってからも、いつも「少し背伸び」をしてきたように思います。

ギリシア語を教えていた時に私が教科書として採用した本には、練習問題に、ギリシア古典からの引用が多く載っていました。西欧では中学や高校でギリシア語やラテン語を学び、優秀な成績を収めた学生が大学で西洋古典文学や哲学を学ぶのに、日本では普通は大学に入ってから初めて学ぶので太刀打ちできない気もしますが、大学生になってから学ぶとしたら、中学校で使う英語の教科書のようなものでは学ぶ意欲はわきません。

中学生にギリシア語やラテン語を教えるのであれば、教科書は例文そのものが簡単なものを使うことが望ましいでしょう。「王は女王にバラを与えた」というような文を少しずつ変えながら学んでいくのです。

加藤周一が電車の中だけで勉強することにして一年でラテン語をマスターしたと書いていますが、加藤が使ったのはこのような教科書でした（加藤周一『読書術』）。限られた単語を繰り返し使って文法を説明し、その後に練習問題があります。例文や練習問題で使われている単語も巻末にまとめて載っているので辞書を使う必要もありません。

文法の説明を読むのに十五分もかからず、その後にたくさんの練習問題を解くには時間がかかっても、満員電車であればページをめくる必要もほとんどありませんでした。こうして片道一時間半の通勤電車の中だけで一年間ラテン語を勉強し古典文学を読めるようになったと加藤はいうのですが、私の経験では練習問題に古典の引用がある教科書であればこそ興味を持って勉強を続けることができます。

短い文でも、時にすぐに意味を理解できないような文章でも、暗唱に値するような文であれば、最初はほとんど暗号の解読のようであっても勉強は少しも辛くはありません。

私がギリシア語を勉強して最初に読んだのは、『ソクラテスの弁明』などプラトンの対話篇でした。当然、プラトンはこの本を初学者用に書いたわけではありませんから、最初は一ページを読むのに何十時間もかかりましたが、プラトンが書いたものをギリシア語で読むことで直接プラトンと結びついていると思うとワクワクしたものです。

これが面白かったので、大学でギリシア語を教えていた時には、教科書を終えるとすぐに『ソクラテスの弁明』を読むようにしました。学生が皆面白いと思っていたかはわかりませんが、教科書を終えるまで講義についてきた学生はその年の終わりまで講義を休むことはありませんでした。

韓国語を先生について学び始めた時は、初学者用のテキストをまず使いました。白水社から出ている「ニューエクスプレス」というシリーズにはあらゆる言語のものがあり、韓国語は最初この本を使って勉強しました。

文法項目は網羅されていませんが、割合短期間で概要を学ぶことができます。先にも書きましたが、一人で外国語を勉強するとどこまで覚えなければならないかわからず、細かいところまですべて覚えようとして途中で挫折することがあります。ギリシア語を教えていた時は学生に、これは重要なので覚えておいた方がいい、これは重要だが今はこういう規則があるということを知っておくだけでよいなど、少しずつ覚えればいいというようなことを教えることができました。独学では何を覚えるべきか、覚えなくていいかという判断をすることができないのですが、エクスプレスシリーズは初学者に必要なことが最小限に書いてあるので、それだけをまず覚えることができます。

文法書だけで学ぶと初学者は煩瑣《はんさ》なことを覚えなければならないのでやる気が失せてしまいます。そこで、ストーリーがあって、それに関連づけて必要な文法事項を学ぶと勉強を続けることができます。

もう一冊中級者向きの本で勉強した後に読んだ、キム・ヨンスの『청춘의 문장들+［青春の文章+］』は、私の実力をはるかに超えていたので、読み応えがありました。予習に膨大な時間がかかったので、その時間に見合う内容でないとせっかく時間を

かけたのに損をしたような気になりますが、この本から学ぶことは多かったです。

どんな言語を学ぶ時にも自分が読みたい本を選ぶと、やがて外国語を読んでいるというよりは、読書していると思えます。

英語を勉強していた時は、アメリカやイギリスなど英語を使う国のことにはまったく関心を持てませんでしたが、韓国語を勉強した時には、韓国のことに大いに興味を持ちました。それまでの人生で私は欧米の言語しか学んでおらず、アジアの言語は韓国語が初めてです。韓国のこと、韓国と日本の関係のことなどをあまり知らないまま生きてきたことを恥ずかしく思いました。

原書と翻訳ではどこが違うか

原書を読むのはフルカラーの世界を垣間見るようです。それに対して、翻訳はモノクロ写真のようです。写真の場合、あえて白黒で撮ることがあるように、どちらで撮るかに優劣があるわけではありませんが、写っているものがどんな色かがわかればモノクロ写真では見えなかったものが見えてきます。本の場合も翻訳ではなく、原語で読んで見えてくるものがたしかにあります。

翻訳で読んでこれを原語で読みたいと思う本があるなら、そのためにだけその本が書かれた言葉を学んでもいいくらいです。

その本のすべてでなく、一部だけでも原語で読むと、それ以外のところは翻訳で読んでも、色に溢れた世界を垣間見ることで後からでも思い出せます。

同じ本を異なる翻訳で読んでみると、同じ本とは思えないことがあります。翻訳は訳した人の解釈なので、ただ言葉や文体が違うということにとどまらず、違った意味に訳されるからです。そういうことがわかってしまうと、原文を読んでみたいと思うようになるでしょう。

すぐには原文を読めるようになれるわけではありませんが、先に書いたように、高校生の時、たった一時間の授業でギリシア語の発音の仕方がわかり、少しではありましたが言葉の仕組みも垣間見ることができました。一歩踏み込んでみようという気持ちになれば新しい世界が開かれます。

たくさん読もうと思わない

時々、もしも英語だけを学んでいたらもっと英語が上達し、自在に話せるようになっていたかもしれないと思うことがあります。しかし、中学生の頃からドイツ語とフランス語に関心を持って勉強を始めましたし、その後も古代ギリシア語を習得するのに膨大な時間をかけました。そのため外国語のことだけでなく、読書についても、外国語にこれだけ時間をかけなければもっと多くの本を読めたかもしれないと思います。

振り返ると、それほどたくさんの本を読んではこなかったと思ってしまうのは、一ページを何時間もかけて本を読んできたので、そうする代わりに翻訳書を読んでいたら一冊の本を読む間にどれほどたくさんの本を読めただろうと考えるからです。私の友人たちはどうかわかりませんが、古典語は近代語を学ぶ時のような目覚ましい上達というものがないように思います。私の韓国語の先生と会ったのは先生が来日して七年目でしたが、その頃すでに完璧な日本語を話していました。古典語ではそういうことはありません。

原語で読めば理解できるというわけでもありませんが、多くの言語を学んできたことは、もっと読めたかもしれないのにその時間を奪ったというよりは、ゆっくりと読めたことの方に意味があったのでしょう。

先にも書いてきましたが、何ページ読んだかというようなことは読書には意味がありませんし、外国語を学ぶことも翻訳することも読書を効率という観点から見なくなることに役立ったように思います。

独学の問題

先生について学ぶことのメリットは、先にも少し触れましたが、覚える必要がないことを先生に教えてもらえることです。

私は大学でギリシア語を教えてきましたが、教科書にはあらゆることが書いてあります。しかし、初学者はそこに書いてあるすべてのことを覚える必要はありませんし、覚えることはできません。初歩の文法を終え、ギリシア語で本を読むようになった時に必要となることも教科書には書いてあります。

独学をしている人はどれを覚えどれを覚えなくていいかはわかりませんから、細々としたことまで何もかも覚えなければならないと思って、語学の習得が難行になってしまいます。「これは後から少しずつ覚えたらいい」と先生から聞いていれば、すぐに覚えられないような細かい文法の規則が教科書に書いてあっても、勉学の意欲を挫《くじ》かれることはありません。

教科書に書いてあることをすべて学ぶことは必要ですが、必要な時に参照すればよく必ずしも覚えなくてもいいことはたくさんあります。その見極めが初学者にはできないので、教師からこれは覚えなければならないとか、今は覚えなくていいと教えられることはありがたいです。独学に問題があるとしたら、このような指導を受けられないことです。

しかし、このようなことを教えてくれる本も今はたくさん出ていますから、学校でなければ決して学べないわけではないのです。

読書歴Ⅴ

『思考訓練の場としての英文解釈』
(育文社)

多田正行

高校生の時、通信添削で英語を勉強していた時に多田先生の講評を読み、いかに英語が読めてないか痛感させられました。本書は講評をまとめたもの。

『ニューエクスプレス 韓国語』
(白水社)

野間秀樹　金 珍娥

外国語を学ぶ時には、まずどんな言語なのかを知る必要があります。次に辞書を引けるようにならなければなりませんが、そのレベルまではすぐに到達できます。

『청춘의 문장들＋[青春の文章＋]』

キム・ヨンス

最初は読書というより解読といっていいくらい時間がかかりましたが、仕事をしないで一日中読んでみたいと思うほどになった作家キム・ヨンスのエッセイ集。

第6章 インプットからアウトプットへ

インプット＝知識を所有する

本を読むだけではなく、本を読んで知識を定着させなければならないと考える人は多くいます。私は知識を定着させることはできないと考えているのですが、まず先にもしもそんなことが可能であれば、どんなことをすればいいのか少し考えてみましょう。

本を一度読んだら決してその内容を忘れないという友人がいました。どうしてそんなことができるのかとたずねたら、誰かの話を聞いた時に忘れないのと同じだという答えが返ってきました。それはまた一体どういう意味なのかとさらにたずねたら、相手に関心を持って話を聞いていたら、相手が何を話したかということを忘れるはずはないというのです。本を読む時も同様に関心を持って読めば、その内容を忘れることはないというわけです。

これが先に見たキム・ヨンスの言葉を使えば、「深層的読書」に相当します。なぜ主人公はここでこのような行動をするのか、作者はなぜこのような描写をするのかということを考えながら本を読むということでした。相手に関心を持って話を聞く時や関心を持って本を読む時は、何となく話を聞いたり読んだりしてはいけないということです。

また、一度読んだ本は忘れないという話を私にした心理学の先生は、カウンセリングの時にカルテを書いてはいけないといいました。

「君はまさかデートをする時にノートを持ち出してメモを書いたりはしないだろうね。別れてからその日相手が何を話し、自分が何をいったかを完璧に思い出せるはずだ。相手に関心があるのだから」

たしかにその通りだと思いました。それで、カウンセリングの時にカルテを書かなかったら、大変なことが起こりました。

私がカウンセリングをしていた医院では多い日は一日に七人ほどカウンセリングをすることもありました。医院ですからカルテを書かないわけにはいかないので、カウンセリング中は一切カルテに記録しませんが、その日のカウンセリングをすべて終えてからカルテを書きました。ところが、その日最初に誰がこられたかも思い出せないということが起こるようになったのです。

このことを本に当てはめていえば、一冊一冊の本のことを覚えられても、たくさんの本を読んだらどんな本を読んだのかはともかく、どんな内容だったか、本を読んでどんなことを感じたかということを覚えていることはできなくなるということです。

講義や講演を聴く時も、ノートを取るのが普通でしょうが、問題はそれをしてしまうといわばノートが覚えてしまうのです。

私は講演をする時にアウトラインを書いたメモを見て話すことがありますが、アウトラインに頼ってしまうとうまく話せません。いっそ何も見ないで話す方が誰かと会話をしている時のように力を抜いて話せ、次にどんな話をするかがわからなくなるというようなことは起きません。

人間の記憶力というのはこのような特別な場合でなければ、よくできているのであまり文字に頼らない方がいいのです。

私は雑誌などの取材を受けることが多いのですが、ほとんどの人がボイスレコーダーを使ってインタビューを録音します。私の方も取材にきた人がボイスレコーダーを使わないでノートにメモを取っているだけだと少し不安になりますが、たぶんこれはいらない心配でしょう。私の友人は取材する時、そのメモすら取らないでじっくり話を聞いています。それでも、彼が書いた記事は完璧なものであることにいつも驚かされます。

例えば、今私が腕時計をはめていなかったら、私はその時計を「所持」してはいませんが、「所有」はしています。実際にはめてなくても、その時計は私のものであるという意味です。

知識もいつも所持しようと思ったら、ひたすらノートに話をメモするでしょうが、いつも所持しなくても所有すればいいのです。知識を所持しようとするのは、試験を受ける直前まで一生懸命暗記しようとしているようなものです。しかし、そのようなことをしても試験問題が配られたらほとんど役に立たなかったという経験をした人は多いかと思います。知識を所有するというのは、必要があればちょうど本棚から必要な本がどこにあるかがわかり、それを取り出すことができるということです。

線を引くか

本を読む時に線を引く人は多いでしょう。そうすることにはいろいろな目的がありますが、一つの目的は読んだことを記憶に定着させるためです。これも本を読みながらノートを取るのと似ていて、一生懸命、先の言葉を使えば、本に書いてあることを「所持」しようとすることです。

線を引くことが記憶するためであれば、もういっそすべての文に線を引いてもいいくらいですが、線を引く場合も、そうすることで書かれている本の中身が記憶にうまく定着するような気がするということです。線を引くのは記憶に定着させるためなのですが、むしろ逆効果になるような気もしないわけではありません。

記憶に定着させるためではなく、後になって必要な時に、参照しようと思ってその箇所にだけ線を引くなり、ページを折るだけなら、本が真っ赤になるというようなことはなくなるでしょう。

私は本を読む時あまり線を引きません。線を引くとその時はいいのですが、時を経て再読する時に赤線が煩わしく思えるからです。

後で見て煩わしくなるという問題を解決するためには消えるペンを使うか、電子書籍で読めばいいでしょう。後者であれば、後から見て煩わしいと思った下線をすぐに消すことができます。

しかし、前に引いた線が跡形もなく見えなくなるというのも考えもので、これはちょうど原稿をパソコンで書く時にも起こる問題です。思索の履歴が残るということは、新しい思想の刺激になるからです。

また、欧文アルファベットやハングルで書かれた本などはパッと見ても何が書いてあるかわからないので、下線を引くと便利だと思うことがあります。もっともこれは慣れの問題で外国語に習熟すればどこに何が書いてあるかわからないというようなことはなくなります。

知識を蓄える

梅棹忠夫が『知的生産の技術』で書いていたB6判の京大型カードを今はパソコンで作れる時代になりました。一枚のカードに一つのことだけを書くのがコツで、ノートのようにたくさん書きません。見出しと本文、必要があれば日付を書いておきます。例えば「未来の実在を信じなければ祈ることは無意味である」というようなことを思いつけば私は今はすぐにパソコン上に記入しています。

カードに書くのは忘れるためだと梅棹はいっています。思いついたことは書き留めなければ忘れてしまうので、カードに書けば安心して忘れることができます。

梅棹忠夫の『知的生産の技術』はカナタイプライターの時代に書かれた本であるということを除けば、今も得るところが多い本だと思います。そのカナタイプライターですら、本が出版された当時使ってる人はほとんどいなかったのではないかと思います。

田中美知太郎は、ギリシアの古典を読む時に、テキストの解釈についてノートに書き留めるといっています。私も学生の時は講読や演習に臨む時はノートに辞書で調べた単語の意味や必要があれば訳文をノートに書きました。

田中はこのようなノートを書いても、そのまま眠ってしまって忘却から呼び起こされることのないものも少なくないが、一つの練習としてそれだけでも意味が持っているともいえるとして、運動家が毎日一定の練習をするのと同じことだ、と書いています(「私の読書法」『田中美知太郎全集』第八巻)。

私も田中がこのように書いているのを読んで、せっせと毎日本を読んで考えたことなどを書いていましたが、問題は書いたことを後になって使えないことでした。梅棹の京大型カードもしまい込んでしまうと意味がありません。カードを知的生産のために活用しなければなりません。

学生の頃は手書きだったので、検索するというようなことはできませんでした。田中の言葉を借りると、「いつ役に立つかも分からないものでも、蟻が食物を運ぶように、一種の蓄積を行なう」ことで終わらせないために、カードを並べ替えるなど工夫していましたが、今はパソコンで容易に検索し、蓄積したデータを活用できるようになっています。今は私はEvernoteやScrapboxを使っています。検索すれば膨大なデータからも瞬時に必要な知識を呼び出せるようにもなりましたが、もちろん、このことで誰もが研究者になれるわけではありません。

知識というのは先にも見たように持つことができないもので、不意に思い出すことからわかるように、飛び交っている鳥を網で捕まえ、それをどこかに閉じ込めようとするようなものです。網で一度に捕まえられる鳥の数には限りがあるので、捕まえたら籠に入れなければなりません。何かを思い出すというのは、籠の中にいる鳥のことをふと思い出すという感じです。狙っていた鳥は捕まらず、思いがけない鳥が網の中に入り、それをも籠の中に入れておくということがあります。すべてのことを意識的に覚えるわけではないのです。

このように不意に何か考えを思いつき、しかもそれを「三上」であればメモをするのが難しいこともあります。レオナルド・ダヴィンチのように常にメモ帳を携帯するか、今の時代であればスマートフォンに入力することはできます。後でも触れますが、私は音声入力も思いついたことをメモをする時によく使っています。

何かに役立てるというようなことばかり考えていると読書はつまらないものになりますが、本を読んでいる時など何かの折に不意にアイディアが湧くというのは心が躍ります。

書けたことだけが理解できている

本は読むだけでは駄目で、あるいは、読んだ本の内容をデータベース化するだけでは十分ではなく、さらにそれを元に自分の考えを書いて発表する、少なくとも書き留めないといけないと考える人もいます。

しかし、これが絶対必要なことかというと、そうではないでしょう。楽しみのために本を読むのであればむしろ書かないといけないと思うことが読書の楽しみを奪うことにもなります。

楽しみのために読む本であれば、ノートに書き留めるとか、カードを作るというようなことは考えなくてもいいのですが、知識を得たり、あるいはノートに書きながら理解するという目的のためであれば、読むだけでは十分ではありません。

小学校の六年生の時、ある日、担任の先生からある本の読書感想文を今晩中に書いてほしいという電話がありました。なぜそんなことになったかは覚えていないのですが、締切は翌日だったので、電話を切ってからすぐに本を読み直さなければなりませんでした。先生はおそらく私が前に読んだ本だから、すぐに感想文を書けると思われたのかもしれないのですが、感想文を書くためにはもう一度初めから読み直す必要がありました。

そこで、私はその日徹夜しなければなりませんでした。いつまでに書けばいいかというようなことをいわれなかったのかもしれません。先生が、まさか小学生に徹夜して感想を書かせようとしたはずはありません。

本を読むのとその本についての感想を書くのはまったく別のことです。感想文を書くことが無意味だとは思いませんが、本を読むことが好きにならないと元も子もありません。感想文を書くことは本を読むことを嫌いにさせることになるのではないかと思います。

本を読むだけでもいいのですが、ただ読むだけでなく、読んだことについて書きたいと思う人もいるでしょう。読むことと書くことは別のことなので、読めば書けるというものではありません。

書けたことだけが理解できている、と私の先生の一人から聞いたことがあります。本を読むだけでなく書いてみれば、どれだけ理解できているかがわかります。英語を勉強していた時に、書けることしか話せないといっていた先生がいましたが、たしかにそうだと思います。

本を読んで何かの知識を得ることではなく、本を読むことで何らかの仕方で成長しようと思うのなら、ただ本に書いてあることを記録するだけでは十分ではないように思います。

自分で考えられるようになるためには、読むよりも書くことが必要になってきます。シモーヌ・ヴェイユ（フランスの哲学者、一九〇九－一九四三）は、カリキュラムも立てず、教科書を脇へ押しやって、真に学ぶべき事柄だけにひたすら学生の努力を傾けさせようとしたと伝えられています。

今は大学で講義をする時にはシラバス（講義概要）を書くことが大学から課せられ、予《あらかじ》めどんな講義をするかを決めなければなりません。学生と討論すれば当然その日予定していた講義ができないこともあるでしょう。一年間にどんな講義をするかという大体の予定は立てられても、毎時間どんな講義をするかを講義をする前から詳細に決めることは本来できないのです。大学がシラバスを教員に要求するようになってから、大学は駄目になったのではないかと私は考えています

ヴェイユはカリキュラムに拘束されることなく、教科書も使わずに講義をしたのですが（ヴェイユの哲学の講義録が残されています）、毎日二時間、学生に何かのテーマを与えて書かせました。書いたものがうまくまとまるかはわかりませんが、それだけの時間しっかりと考え抜いて書くことは思考を鍛えることになります。

書くことと本を読むことの関係についていえば、それを発表するか否かは関係なく書くことによって、本を読む姿勢が変わってきます。自分で考えることによって本を読む時も受動的に本の中身を理解しようとするのではなく、著者の考え方を自分で検証してみたり、著者の考えに触発されて自分で考えるようになるからです。

いくつものアウトプットの方法

梅棹の『知的生産の技術』を読んだ頃は、原稿や日記はすべて手書きでした。手書きする以外の方法がなかったので、ボールペンや万年筆を使っていましたが、日によって自分の字が読みやすかったり読みにくかったりするのが嫌でした。

その点、タイプライターを使えばいつも同じように書けるだろう、そう考えてタイプライターをほしいと思いました。実際には、大学生になってすぐに買ったタイプライターは、後に手に入れた電子タイプライターとは違って、手で打たなければならず、力の入れ具合で打った文字の濃淡が違いました。

最初に手に入れたこのタイプライターは、ドイツ語もフランス語も打つことができました。もちろん、大学生になってすぐにドイツ語もフランス語も読み書きできるようになったわけではないので、実際に使うようになるのはかなり時間が経ってからのことでした。

やがて、電子タイプライターを手に入れ、それをApple IIcのプリンターの代わりにしました。マックを買う以前の話です。おそらく、Apple IIcといっても誰も知らないかと思いますが、アーサー・クラークの『2010年宇宙の旅』が一九八五年に公開された時に、映画の中でこのパソコンが出てきました。まさか、二〇一〇年にこのパソコンが使われているはずはないだろうと思ったものです。日本語は使えなかったので欧文しか打てませんでしたが、その頃読んでいた研究書や研究論文の多くは欧文で書かれたものでしたから、十分実用になりました。

修士論文は原稿用紙に百枚書きましたが、手書きだと一時間に二枚か三枚しか清書できませんでした。提出した後、数日の間は手が痺れていました。今ならプリントアウトするのは容易です。

自分で清書するべきだと思って大変な苦労をしたのですが、その清書を何人もの人に頼んだ人がいてそんなこともできるのだと、後から話を聞いて感心しました。きれいに書いた方がいいのでしょうが、問題は中身なので清書に時間をかけるのはおかしいのです。

この時の苦労に懲りて、博士課程に進んでからワープロ専用機を買い、その後、マックを買うなど、私の「知的生産」は急速にデジタル化していくことになります。指導教官から、「君にはワープロは必須だね」といわれるほど、私が手で書いたものは判読が困難なものでした。

修士論文を書いていた頃、今でいうコピー&ペーストを紙とハサミとのりを使ってしていました。一度書いた論文の草稿のいくつかの箇所をハサミで切り離し、原稿用紙に貼りつけていくのです。

こういうことをパソコンでしてみたいと思ったので、最初は清書のためにワープロ専用機を使っていたのですが、関心はパソコンへと移っていきました。

最初は我流でタイプしていました。我流でも速く打てるようになったのですが、ある時、思い立って正しいタイピングの仕方を学び始めました。

それまではそれなりに速く打てていたのに、まったく打てなくなりました。後になって思うと、一時打てなくなっても我慢してキーボードを見ないで打てるようになったのは原稿を書くのに役に立ちました。

最近は本を読みながら買いてあることや思いついたことを書き留める時、音声入力をすることがあります。私はキーボードを打つのはかなり速いのですが、音声入力はそれよりも速いです。

原稿を書く時も音声入力をすることがあります。この場合はいつもではなく、原稿を書き始める時にそうすることが多いです。原稿は最初からきちんと書こうと思うと書きあぐねてしまうことがあります。考えが浮かばないというだけではなく、書くことが非常にハードルが高く感じられるからです。とにかく話してみると内容はともかくたちまちたくさん書くことができます。その上で削ったり書き直しをすることで次第に原稿の形になっていきます。それは時には苦しいですが、原稿を書き上げた時には達成感があります。

今では、音声入力の方が断然速いのでよく使います。音声入力はかなり早い時期からいろいろと試してきました。最初の頃は実用には程遠かったですが、まだまだ改善の余地はあるものの、最近はかなり正確に変換するようになってきたので使わない手はありません。

ドストエフスキーが小説の原稿を口述筆記していたことを知って、だから長編小説を書けたのだと納得しました。筆記した妻はさぞかし大変だったでしょうが、その点、スマートフォンやパソコンなら文句をいわれることはありません。

文章は書き出してから、書く

論文を発表したり、本を出版する人は少ないでしょうが、インターネットに投稿することは容易にできるようになりました。

本を読むことはそれ自体で完結していて、読んだ本について何かを書かなければならないとなると本を読む楽しみを奪われるということを書きましたが、読んだ本について近くにいる人に話すような感じであっても、感想などをまとめてインターネットにあげれば多くの人に読んでもらえます。

ところが、文章を書くのは簡単ではありません。ソポクレスは思考について「風のように速い」といっています。しかし、それを文章にしなければ自分の内面の思考は誰とも共有されることはありません。「風のように速い」を文字で表せたとしても、それだけでは原稿にはなりません。

まず、思いついたことをノートや手帳などに書き留めます。一カード一項目という原則でカードに書き留めると後から見直せます。今はパソコンに書いたものを保存でき、検索すればすぐに探し出せます。

次に書き留めたり保存したりしたものを何度も見直すと、そうすることからまた新しい発想が浮かびます。それもまた書き留め、保存します。

これをもとにして文章を書けばいいわけですが、まだこの時点では考えがまとまっていないので、私はどうしているかといえば、アウトラインプロセッサ（アウトライナー）という文書作成のためのソフトを使っています。

カードに書いたものやその他思いついたことを、順序を構わず書き出していきます。例えば次のようにです。

・思いつきをメモする
・傍線をつける
・本を読む時何かを思いつく
・メモを見直す

これを並べ替え、さらに書き足していきます。

・本を読む時何かを思いつく
　・傍線をつける
　　・大事な箇所でなくてもよい
　　・面白いと思ったところに
　・メモをする
　　・面白いと思ったことを書き留める
　　・メモを読み返す
　　　・メモを見て何かを思いついたら書き留める

コピペするのでなく、一行をそのままドラッグして他の場所へ移動できます(Workflowy の場合)。そのようにして少しずつ考えをまとめていくのですが、頭で考えていることを可視化することができます。それぞれの見出しにさらに詳しく文章を書き加えていきます。そうするうちに、やがて、全体の構成が見えてきます。

どこからでも書けますから、文章を書く時のハードルが低くなります。短いものなら、ワープロでも書けますが、長文であればアウトラインプロセッサを必ず使っています。本書もこのようにして書きました。

名文を書こうと思う必要はまったくなく、書く以前に何を書くか考えをまとめていく喜びを感じられます。

誰かから強いられてではなく、本を読み、それに触発されて何かを思いつき、それを文章にまとめていくのは私にとっては至福です。締切がなければ、といいたいところですが、締切があればこそ、それに向かって緊張感もあって書けるというのも本当です。

あとがき

これまでの人生を振り返ると、字を読めるようになって以来、活字を目にしなかった日は片手で数えられるくらいしかなかったのではないかと思います。それほど本を読むことは私の人生の重要な一部になっています。

十年ほど前に心筋梗塞で倒れた時、一ヵ月の入院が必要であることを医師から聞いて、生命の危険から完全に脱していたわけでもなかったのに、これでしばらく読書に専念できると嬉しくなりました。

どんなに状態が悪く、たとえ一歩も外に出て行くことができなくても、せめて家にいて本を書けるぐらいには回復させてほしいと主治医にいったことは本文でも書きましたが、外に行けなくても本を読めるのならそれでもいいかもしれないなどと思ってしまいました。入院したために出講できなくなった学校から、待っているのでどんな条件でも必ず復帰してほしいといわれていたというのにです。

幸いめざましく回復し、仕事にも復帰することができましたが、今度は父が認知症を患っていることがわかり、父の介護をすることになりました。

やがて、父は徐々に弱っていき、食事をする時以外は寝ている時間が増えていきました。私はそんな父の傍らでずっと本を読んでいました。

村上春樹の『1Q84』を夢中で読んだことを覚えています。あまりに目を酷使したからなのか、目がひどく充血しました。手術後私は、ワーファリンという血液を固まりにくくする薬を服用していたので、一旦充血した目はなかなか元に戻りませんでした。それでも、本を読むことはやめられませんでした。

与えられた現実がすべてだと思えば、自分が病気の時も父の介護をした時も絶望していたかもしれませんが、本を読むことで現実を超えることができました。これは現実から逃げるということではなく、本を読む時に感じる喜びの感情、生命感の高揚が現実を超える力になるということです。

足元ばかり見ていれば、与えられた現実を超えることは難しいでしょうが、本を読むことで現実を少し距離を置いて眺めることができるからでもあります。

私にとって読書はこのように苦境を切り抜ける力になってきましたが、時に心が弱ると、この先一体どれくらい生きることができ、死ぬまでの間に後何冊の本が読めるかというようなことを考えることがありました。

これから生きられる年数が長くはないことも、読める本の数には限りがあることも、自分ではいかんともしがたいことは自明なので、そんなことを考えることは詮無《せんな》いことなのですが、たとえ長生きしても父のように本を読むことができなくなるのではないかというようなことも考えました。

この人生の有限性にどう対処すればいいのか。今は次のように考えています。

読む時間が限られているからといって、短い時間にできるだけ多くの本を速く読もうとは思いません。読書も生きる営みの一つなので、本をどう読むかはこの人生をどう生きるかということと無関係ではありません。

通勤や通学であれば目的地にできるだけ早く効率的に到着しなければなりません。人生を生きる時にも何かの目標を立て、それを達成するために、できるだけ効率的でなければならないと考える人がいます。

そのような生き方をしている人は、本を読む時にも、限られた時間の中でできるだけ本をたくさん速く読もうとするのです。

しかし、速読は読書の唯一の方法ではありません。そのような読書の仕方は、本を読む楽しみや喜びを奪うことになるのではないかということを私は本書で見てきたのですが、たくさんの本を効率的に読むのではなく、一冊一冊の本をゆっくりと味わって読んでいけないわけはないのです。

ゆっくり読めばたくさんの本を読めないかもしれませんが、誰かと一緒にいて楽しい時間を過ごしていれば、次にまたいつ会えるかというようなことを考えることがないように、本を読む時も、その時々に読んでいる本のことだけを考えられるようになり、次に、さらにはこれから何冊読めるかというようなことは大きな問題ではなくなります。

ゆっくり本を読めば、慌ただしく駆け抜けるように本を読む時には見えなかったものが見えるようになります。生きる時も、急がず、後どれだけ生きられるかというようなことを考えなくなると人生が違ったふうに見えてくるでしょう。

生き方を直ちに変えることは容易なことではありませんが、本の読み方を変えることならできます。

本書で私は、たくさんの本を読もうとしないこと、また何かのために本を読むのではなく、本を読むこと自体を楽しむことなど、本をどう読むかについて、これまでの人生で読んだ本を引き合いにして考えてみました。

私は長く哲学を学んできたので取り上げている本は一般的なものではなく必ずしも推薦図書といえるものではありません。外国語で書かれた本を読むことも一般的ではないかもしれませんが、これまで手に取ろうとしたことのない本を読むきっかけになればと思いますし、これまでまったく触れたことのない言葉を学んでみようと思ってもらえれば著者として望外の喜びです。

若い頃から先人の書いた読書論をたくさん読んできましたが、自分が書くことになるとは夢にも思っていませんでした。ポプラ社の村上峻亮さんとの出会いがなければ本書を書くことはなかったと思います。京都にまで何度も足を運んでくださって執筆の過程で有益な助言をくださった村上さんに感謝します。

二〇一九年一月

岸見　一郎

本書は書き下ろしです。

カバーデザイン　桑山慧人（book for）
写真（静物）　岡戸雅樹
校正　東京出版サービスセンター
ＤＴＰ　アレックス

岸見一郎《きしみ・いちろう》

哲学者。1956年京都府生まれ。日本アドラー心理学会認定カウンセラー・顧問。京都大学大学院文学研究科博士課程満期退学(西洋哲学史専攻)。専門の哲学と並行して、1989年からアドラー心理学を研究。精力的に執筆・講演活動を行っている。著書に『嫌われる勇気』『幸せになる勇気』(ともに共著 ダイヤモンド社)、『アドラー心理学入門』(ベスト新書)、『生きづらさからの脱却』(筑摩選書)、『人生を変える勇気』(中公新書ラクレ)、『幸福の哲学』(講談社現代新書)、『愛とためらいの哲学』(PHP新書)、『成功ではなく、幸福について語ろう』(幻冬舎)、『プラトン ソクラテスの弁明』(角川選書)など多数。

ポプラ新書
166
本をどう読むか
幸せになる読書術
2019年2月7日 第1刷発行
2023年8月24日 第2刷

著者
岸見一郎

発行者
千葉 均

編集
村上峻亮

発行所
株式会社 ポプラ社
〒102-8519 東京都千代田区麹町 4-2-6
一般書ホームページ www.webasta.jp

ブックデザイン
鈴木成一デザイン室

印刷・製本
図書印刷株式会社

N.D.C.019/254P/18cm ISBN978-4-591-16233-0

P8201166

生きるとは共に未来を語ること　共に希望を語ること

昭和二十二年、ポプラ社は、戦後の荒廃した東京の焼け跡を目のあたりにし、次の世代の日本を創るべき子どもたちが、ポプラ（白楊）の樹のように、まっすぐにすくすくと成長することを願って、児童図書専門出版社として創業いたしました。

創業以来、すでに六十六年の歳月が経ち、何人たりとも予測できない不透明な世界が出現してしまいました。

この未曾有の混迷と閉塞感におおいつくされた日本の現状を鑑みるにつけ、私どもは出版人としていかなる国家像、いかなる日本人像、そしてグローバル化しボーダレス化した世界的状況の裡で、いかなる人類像を創造しなければならないかという、大命題に応えるべく、強靭な志をもち、共に未来を語り共に希望を語りあえる状況を創ることこそ、私どもに課せられた最大の使命だと考えます。

ポプラ社は創業の原点にもどり、人々がすこやかにすくすくと、生きる喜びを感じられる世界を実現させることに希いと祈りをこめて、ここにポプラ新書を創刊するものです。

未来への挑戦！

平成二十五年　九月吉日　　株式会社ポプラ社